F·R·I·E·N·D·S

F·R·I·E·N·D·S

... l'intégrale

Le livre officiel des dix ans !

David Wild

Traduit de l'américain par Laurence Kiefé

WB Worldwide Publishing

MANGO

REMERCIEMENTS

Ce qui n'a rien d'étonnant puisque *Friends*, c'est une œuvre collective, un sport d'équipe où, j'espère, tout le monde gagne.

D'abord et surtout, ce livre aurait été impensable sans la participation des acteurs — Jennifer Aniston, Courteney Cox, Lisa Kudrow, Matt LeBlanc, Matthew Perry et David Schwimmer — ainsi que celle de leurs agents et assistants. Ceux-ci ont déployé une activité intense pour satisfaire des exigences parfois dignes de *Colombo* : Marc Gurvitz, Doug Chapin, Joe Libonati, Scott Howard, Marika Cahn, Carolyn McGuinness, Ina Treciokas, Cynthia Pett-Dante et Alletta Kriak. Je promets de cesser de leur téléphoner, en tout cas jusqu'au prochain livre.

Kevin Bright, Marta Kauffman et David Crane ont commis leur première erreur en me demandant, il y a dix ans, d'écrire un livre sur *Friends*. Je les remercie de m'avoir permis de devenir un embêtement chronique dans leurs vies. Parmi les nombreuses personnes de chez Bright Kauffman Crane qui ont joué un rôle inestimable dans la réalisation de cet ouvrage, il y a mon ami de longue date Todd Stevens, ainsi que Colleen Mahan, Andy Johnson, Eric Goldberg, Missy Krehbiel et Wendy Knoller.

Et bien sûr, comme la série elle-même, le livre n'existerait pas sans tous ces grands scénaristes/producteurs, à savoir Shana Goldberg-Meehan, Scott Silveri, Andrew Reich et Ted Cohen. Sans oublier Jamie O'Connor qui a réintégré BKC dans le seul but de faire avancer ce livre.

Combien de personnes a-t-il fallu pour réaliser *Friends… L'intégrale* ? C'est peut-être mon nom qui apparaît sur la couverture — mon agent Sarah Lazin a insisté en dépit de ma modestie — mais en réalité, c'est Skye Van Raalte-Herzog de la Warner Worldwide Publishing qui a porté ce projet à bout de bras. Skye est la meilleure amie, la meilleure éditrice et la meilleure chef militaire panaméenne qu'un livre puisse avoir. Tout le monde chez Warner Publishing s'est mobilisé pour aider Skye à trouver le temps d'accomplir cette tâche — Paula Allen, Melanie O'Brien, Kevin Bricklin, Victoria Selover, Connie Baldwin, Denny Singleton, Martha Carreon, Lila Takayanagi et Brittany Barr qui nous a sauvé la mise en nous rejoignant tardivement. Sans elle, rien n'aurait été possible.

À la Warner Television, il y a beaucoup de gens à remercier, dont Bruce Rosenblum, Peter Roth, Phil Gonzales le jeune marié, Sharan Magnuson, Brett Shuemaker, Melissa Bella, Nia Figueroa, Steve Sonn, Alex Newman et le photographe attitré de *Friends*, Danny Feld. Il m'a moi-même photographié dans le décor du Central Perk, quelques minutes avant qu'il ne soit détruit. Coïncidence ? Je ne crois pas.

Bien des gens ont largement mis la main à la pâte pour que ce livre existe, surtout à la Warner Consumer Products : le président Dan Romanelli, le vice-président Mark Matheny, Steve Fogelson et notre meilleure défenseur, Michelle Sucillon.

Et n'oublions pas les éditeurs chez Time Inc. Home Entertainment, Rob Gursha, Richard Fraiman, Tom Mifsud et Victoria Alfonso, qui ont accueilli cet ouvrage dans leur grande maison.

Si ce livre est beau, il faut en remercier plusieurs concepteurs : James Gilbert, un visionnaire, et Martine Trélaün, notre sauveur. Un grand *grazie* à Massimiliano Masa, qui a ajouté une touche italienne à plusieurs doubles pages. Il serait sans doute moins réussi sans Greg Moore, Jim Morrow et leur équipe de Final Film, qui ont effectué un travail difficile sur chaque photo.

Merci à quelques autres charmantes personnes qui m'ont soutenu : Lauren Johnson, une authentique autorité en matière de *Friends*, Susan Jonaitis, la secrétaire d'édition, le décrypteur de bandes Dale Hoffer, la correctrice Janelle Herrick et Phil McKenna, de la Warner Home Video, qui a généreusement mis à notre disposition ses propres photos à la dernière minute.

Et enfin, je voudrais remercier ma femme, Fran, pour avoir été la Friend suprême et m'avoir initié à cette série. Sans son amitié — sincèrement, un peu plus que ça — nous n'aurions pas eu nos fils bien-aimés, Alec et Andrew, qui, comme le dit si bien la chanson, *are always there for me* !

David Wild, 2004

SOMMAIRE

Think where man's glory most begins and ends,
And say my glory was I had such friends.
—William Butler Yeats,
« *The Municipal Gallery Re-visited* »

À la rencontre de F·R·I·E·N·D·S

I'll be there for you
When the rain starts to pour
I'll be there for you
Like I've been there before

(La chanson de *Friends*)

Mais qu'est-ce qu'on cherche lorsqu'on allume la télévision ?

Le spectacle ? La détente ? La distraction ? Un peu de tout ça ? On appuie sur la télécommande par envie de contact et de chaleur humaine. Même si cette amitié est, par nature, artificielle, qui oserait nier qu'elle peut être étrangement réconfortante ?

Depuis dix ans, *Friends* a offert à des millions d'entre nous des rires innombrables, quelques larmes et, surtout, l'impression rare d'avoir rallié un groupe d'amis. Ceux qui ont suivi les aventures de Ross, Rachel, Chandler, Monica, Joey et Phoebe associent *Friends* à cette grande force de la télévision : rassembler un public. Grâce à des scénarios merveilleux, des acteurs vivants, une production créative, l'histoire de ces six individus adorables — même s'ils sont pure fiction — est devenue la nôtre.

Friends est aujourd'hui un phénomène de culture et un modèle d'industrie artisanale — un artisanat plutôt bien rétribué. Mais on n'est pas dans le domaine de l'exploit commercial américain. Car ce qui compte, c'est le lien qui unit le public à la série et qui rendra *Friends* éternellement vivant dans nos cœurs. Voilà la plus grande légitimité de la série, son *central perk*, autrement dit son principal *bénef* — bien plus que toutes ces coiffures mode, ces attrayantes couvertures de magazine, ces contrats mirobolants et ces potins mondains tellement distrayants.

Plus l'audience s'élargit, plus la communauté d'idées devient réelle — une réussite pour cette sitcom qui plonge au cœur de désirs universels. En novembre 2003, alors que le compte à rebours pour la finale de *Friends* démarrait dans l'enthousiasme, la Télévision centrale chinoise a annoncé qu'elle diffuserait la série dans l'année, à l'intention du plus vaste public potentiel du monde. Là-bas, elle pourrait s'appeler *Laoyougi*, qui se traduit par *Histoire de vieux amis*. À l'heure actuelle, on ignore encore comment la télévision d'État chinoise traduira par exemple « l'élevage de petites bêtes », expression chère à Joey, en référence au droit américain qui l'autorise à ne pas porter de linge de corps. Alors, à tous les nouveaux fans chinois de *Friends* qui lisent ce livre, j'adresse ce salut amical : « Ça roule ? »

À notre époque marquée par une télévision qui fait appel à nos instincts les moins glorieux, le réalisme a encore de beaux jours devant lui. Aux valeurs traditionnelles, bons acteurs, bons scénarios, bonne production, bonne humeur, bonnes intentions, *Friends* a apporté une énergie et une gaieté nouvelles extraordinaires. On y parle des gens — il y est moins question d'action que d'interaction. À travers ses hauts et ses bas — les chaos de la gloire — cette série au titre si amical a su garder la confiance de son public. Elle nous a fait sourire. Elle nous a fait rire de nous-mêmes. Grâce à elle, nous avons élargi notre cercle d'amis, même si ceux-là n'existent que dans nos cœurs et dans nos esprits. Et s'il a fallu se sentir parfois frustrés, — eh bien, je crois que ça arrive aussi avec les amis de chair. Mais, conformément à leurs promesses, les *Friends* étaient toujours *there for us*. Ils étaient toujours là pour nous.

Friends a exploré, avec beaucoup d'esprit et de panache, les voies de l'amitié, cette deuxième famille. Discutez avec ceux qui ont participé à la réalisation de *Friends* — comme je le fais depuis des années — et vous rencontrerez des gens chaleureux, conscients d'avoir participé à un grand succès, bien sûr, mais aussi à une épopée unique. *Friends*, pour beaucoup, a été l'aventure de leur vie. Du début à la fin du voyage, ils nous ont emmenés avec eux. Leur talent a traversé l'écran pour venir améliorer notre existence. Et c'est bien pour cela que les amis — réels et imaginaires — existent.

— David Wild, 2004

Au début : Après avoir échappé à son mariage imminent, Rachel explique dans « Celui qui déménage » comment elle s'est rendu compte que Barry, son fiancé, ressemblait à Frankenstein.

SAISON UNE

AU DÉBUT,

il y avait une mariée en fuite, et à la fin de la première saison *Friends* cassait la baraque.

Entre les deux, la série s'est installée dans ce qu'on peut appeler une saison de rêve, tant à l'écran que dans les coulisses. Tout en tournant certains des épisodes les plus classiques — « Celui qui est verni », « Celui qui a du jus », « Celui qui gagnait au poker », « Celui qui rêve par procuration », « Celui qui a failli rater l'accouchement » et « Celui qui fait craquer Rachel » entre autres —, les acteurs et les réalisateurs ont réussi à éviter « Celui qui est nul ». À rire devant ces épisodes, des millions d'entre nous se sont entichés de Ross et Monica Geller, de Rachel Green, de Chandler Bing, de Phoebe Buffay et de Joey Tribbiani.

« Je suis vraiment fier que nous ayons d'emblée décroché le jackpot, raconte David Crane, le producteur exécutif et le cocréateur de cette impressionnante série. Il y a beaucoup d'épisodes de cette première saison que j'adore encore aujourd'hui. Quand je les vois lors de rediffusions, je me dis que, vraiment, c'était quelque chose. »

Jennifer Aniston s'en souvient, tout marchait très bien pour *Friends* lors de la première saison. « On ne se rendait pas compte à quel point ça marchait jusqu'aux rediffusions qui ont eu lieu en été. Nous savions que c'était une excellente série. Nous savions que nous l'adorions. Nous étions tellement absorbés les uns par les autres et par le travail que nous avons été carrément estomaqués quand la série a explosé. Nous ne prêtions aucune attention à ce qui se passait à l'extérieur. Nous étions mobilisés sur ce qui se passait à l'intérieur. Nous pensions : « Si nous nous amusons autant, on peut espérer que ce sera contagieux. »

« Je me souviendrai toujours de la première saison avec plus de tendresse que des autres parce que c'était le début de l'histoire, déclare Matthew Perry. Un démarrage d'enfer ! »

Liées par le destin et/ou par leurs rôles, les six vedettes de la série ont effectivement commencé à devenir amis au fur et à mesure que la première saison se déroulait. L'histoire qui, à l'origine, a aidé à propulser la machine *Friends*, c'est la relation entre Ross et Rachel. On a eu là un amour à sens unique pendant presque toute la saison, Rachel ayant étrangement peu conscience des sentiments toujours plus profonds que Ross nourrissait à son égard. En réalité, Rachel n'était pas la seule à ne pas voir la relation s'annoncer. Les scénaristes non plus n'en avaient pas conscience.

« Nous n'avions pas compris que Ross et Rachel démarreraient d'emblée, se souvient Marta Kauffman, productrice exécutive et cocréatrice.

une saison

Dans le pilote, « Celui qui déménage », ce devait être Monica et Joey. Mais la chimie donne des idées et une série télé acquiert petit à petit une vie à elle. C'est un processus intéressant. Les personnages vous expliquent où ils ont l'intention d'aller. C'est ainsi que Ross et Rachel sont devenus nos figures romantiques centrales. Et leur histoire d'amour a vraiment aidé la série à s'affirmer. Nous avons suivi. »

« Tout le monde s'intéressait à Ross et Rachel, confirme Courteney Cox. Leur relation nous passionnait, nous. »

Il y avait beaucoup de choses à aimer dans cette première saison — des dialogues intelligents, une alchimie entre les acteurs, une mise en scène maîtrisée, des formidables performances et, surtout ne pas oublier, un singe qui s'appelait Marcel. En plus de tout cela, note Lisa Kudrow, les développements de l'histoire entre Ross et Rachel « permettaient aux gens de s'investir tout en s'amusant. Ils ont fini par se sentir concernés par ce couple comme s'il s'agissait de leurs propres relations ».

Pourquoi aimions-nous Ross et Rachel ?

« Nous nous appréciions beaucoup, David et moi, raconte Jennifer Aniston. Nous étions tellement enthousiastes. C'est peut-être cet amour à sens unique qui a touché les gens ? Encourager deux personnes dont on sait qu'ils doivent se mettre ensemble. Marta et David ont été assez malins pour les garder séparés le plus longtemps possible. Tout le monde était là à dire : "Commencez donc par le faire." Mais c'était une bonne manipulation de la part des auteurs de les garder éloignés le plus longtemps possible. »

Pour toutes ces raisons et d'autres encore — dont un bon créneau horaire dans la soirée dynamique du jeudi soir sur NBC — la série, après des débuts prometteurs, est devenue un succès. Les médias ont pris le train en marche. Petit à petit, une véritable Friendsmania s'est mise en place.

« La première fois que j'ai compris l'ampleur qu'avait prise la série, c'est quand j'ai entendu la musique du générique passer à la radio pendant que je roulais, se souvient Kevin Bright, le producteur exécutif de *Friends*. Évidemment, il y avait eu de multiples indices avant, mais moi, c'est à ce moment que j'ai pris conscience que nous avions fait plus qu'une série télévisée. Je me revois assis dans ma voiture à me dire : "Waouh ! et notre chanson aussi fait un tabac". »

Pourtant, ce n'était pas difficile de rester humble, en particulier grâce aux conditions de tournage dans les locaux de la Warner. « Je me souviens de la première saison, quand je me rasais avant de jouer, raconte Matt LeBlanc. Il n'y a qu'un W.-C. pour les hommes et un autre pour les dames dans tout le bâtiment — pour l'équipe, les machinistes, les décorateurs, les habilleurs, les éclairagistes, les producteurs, les scénaristes, les acteurs. Un W.-C. hommes. Un seul. Du coup, il n'y avait littéralement pas de place pour les caprices d'acteur. »

La situation évoluait pour la série, et elle évoluait vite. En mai, les acteurs eurent la joie de faire la couverture de *Rolling Stone* — un indice qu'ils devenaient plus des rock stars que des sitcom stars.

Dans le dernier épisode de la Saison Une, « Celui qui fait craquer Rachel », Phoebe apprend combien Joey va gagner en donnant son sperme ; elle lui dit « Dis donc, tu vas te faire un maximum de fric à la force du poignet ! »

Très vite, Joey ne sera plus le seul dans ce cas.

Ça en jette : La Bande des Six en pleine activité par une froide et venteuse soirée lors du tournage de leurs premiers batifolages autour d'une fontaine, destiné au générique. De ce moment, Matthew Perry dit : « Six personnes dans une fontaine à quatre heures du mat', sur le point de s'embarquer sans avoir la moindre idée de ce que l'avenir leur réserve. »

Coup de boule : Ross ne va pas tarder à se prendre un bon coup pendant le match des Rangers où l'ont emmené Joey et Chandler dans « Celui avec George ». Ross est blessé mais nettement plus heureux après avoir partagé sa douleur avec une épouvantable infirmière des urgences.

Ni chaud ni froid : Dans « Celui qui a du jus », Phoebe ne déteste pas l'obscurité. Elle en profite pour chanter un de ses plus grands succès. « Une coupure de courant, c'est génial, les bougies sont de sortie, ça fait ambiance centre commercia-a-a-l. On devient moins triste et on oublie tous nos soucis. »

La balade n'est pas gratuite : Joey demande : « Eh Mon ! tu viens faire un tour dans mon bolide ? », dans « Celui qui a du jus ». David Schwimmer affirme que c'est un de ses épisodes préférés.

Tête d'affiche : Joey hérite d'un rôle déterminant pour sa carrière… celui qui est atteint d'une maladie vénérienne, dans l'épisode « Celui qui parle au ventre de sa femme ».

Trop d'info : Dans « Celui qui était comme tous les autres », la bande – et Paolo – apprend que la mère de Chandler aime manger du poulet Kung Pao après l'amour au cours de l'émission *The Tonight Show* avec Jay Leno dans laquelle elle apparaît. Cosimo Fusco, qui jouait Paolo, révèle que « les gens essayaient de m'embrasser rien que parce que j'avais touché Rachel – les hommes comme les femmes. Y en a de la jalousie sur terre. »

Parier sur l'amitié : Voilà James Burrows, le célèbre réalisateur et producteur de télévision, en compagnie de Courteney Cox sur le décor de *Friends*. Burrows – qui a réalisé le pilote et dix autres épisodes durant cette première série et qu'on a vu jouer (sans qu'il apparaisse au générique) le metteur en scène de Joey dans l'épisode « Celui qui est verni » – a emmené les acteurs à Las Vegas avant qu'ils ne soient rattrapés par la gloire. « Si on regarde n'importe laquelle de mes séries, explique-t-il, on comprend que les liens entre les acteurs sont importants pour moi. Ça me facilite l'existence. Et s'ils s'apprécient dans la vie privée, on le verra sur scène. Nous sommes partis à Las Vegas. Je me souviens avoir dit : "Nous allons dîner à Las Vegas", et ils étaient tous d'accord. J'ai demandé à Les Moonves, qui dirigeait le studio à l'époque : "On peut avoir l'avion de la Warner ?" Les a eu l'amabilité d'accepter, sachant que ce genre de petits plaisirs arrondit toujours les angles. Avec *Friends*, on savait dès le tournage du pilote à quel point ces six-là formaient un mélange explosif. Alors on a pris l'avion et on est allés dîner dans le restaurant de Wolfgang Puck. Je me rappelle avoir dit aux acteurs : "C'est votre dernière virée anonyme." Et c'était vrai. Je me souviens aussi qu'ils avaient tous besoin d'argent pour pouvoir jouer. Alors, plusieurs d'entre eux m'ont fait un chèque, parce que j'avais du liquide sur moi. Le plus gros n'excédait pas 200 dollars. Les temps ont bien changé. »

Une vraie mère : Nora Tyler Bing salue Ross avec beaucoup de tact : « J'ai entendu parler de votre divorce… Des lesbiennes, hein ? », dans « Celui qui était comme tous les autres ». Morgan Fairchild a d'abord pensé qu'elle était trop jeune pour jouer le rôle de la mère de Chandler : « mais je connaissais la série et elle était tellement bien que je me suis dit que ce serait amusant. Je suis venue sur le tournage et Matthew m'a dit : "Vous ne vous souvenez pas de moi mais mon père s'appelle John Bennett Perry et j'allais vous voir sur le décor de *Flamingo Road*." Son père jouait le shérif dans *Flamingo Road* et on le voyait aussi dans *Falcon Crest.* Alors, j'ai commencé à me dire que j'étais peut-être assez vieille pour jouer sa mère. »

Il y croit : Ross chante la chanson « Monkees Theme » à son futur fiston dans « Celui qui parle au ventre de sa femme ». « Les gens m'arrêtaient tout le temps, raconte Jessica Hecht qui jouait Susan. C'est extraordinaire le nombre de gens qui regardent la série. Et de tous mes rôles télé, c'est l'expérience la plus authentiquement positive parce que c'est vraiment agréable d'être reconnu pour un rôle qu'on apprécie. Je me sens honorée de faire partie de *Friends.* » Jane Sibbett, qui jouait Carol, se souvient : « Pendant mon premier ou mon deuxième épisode, il a plu à verse. Les filles – Courteney, Jen et Lisa – devaient aller jouer dans les flaques. J'adorais les voir revenir trempées jusqu'aux os, riant comme des bossues, se soutenant mutuellement. C'était tellement drôle que j'ai eu brusquement une vision : si elles continuaient à s'amuser autant, si elles parvenaient à capturer cette joie, le monde entier leur appartiendrait. Et elles y sont parvenues, non ? Toutes les semaines. »

Singeries diverses : Ross fonce à l'hôpital avec Marcel qui vient d'avaler des lettres de Scrabble. Il est enfin convaincu qu'il fera en définitive un bon père dans « Celui qui devient papa – deuxième partie ».

Le remède du bonheur : Toujours fascinée par la profession médicale, Rachel demande : « Vous n'êtes pas un peu trop mignons pour être médecin ? » dans « Celui qui devient papa – deuxième partie ». Les deux mignons médecins sont George Clooney et Noah Wyle.

SIX OF ONE

The producers have asked that you take a minute to answer the following questions.

Are you... (circle ONE only)
Male..........1
Female..........2

What is your age? (circle ONE only)
18-34..........1
35-49..........2
50+..........3

1. Please circle the number next to any word below which describes your opinions about the **Monica** story, in which she has sex with a guy on the first date. (circle as many as apply)

Realistic..........1
Relatable..........2
Original..........3
Offensive..........4
Adult..........5
Enjoyable..........6
Predictable..........7
Confusing..........8
Boring..........9
Believable..........10

2. In this episode of SIX OF ONE, Monica had sex with Paul on their first date. In thinking about this story, would you... (circle ONE only)

keep the story the way it is..........1
prefer it if Monica and Paul did not sleep together, but made plans to spend the weekend together at the mountains instead..........2
prefer that Monica and Paul not sleep together..........3

Thank You

Première : L'annonce de la première projection de *Friends*, qui s'appelait encore *Six of one*. Un questionnaire sur la vertu contestée de Monica a été remis aux groupes d'évaluation rassemblés pour

« J'aurai toujours du chewing-gum pour toi » : Monica salue l'arrivée de son nouveau neveu Ben dans « Celui qui a failli rater l'accouchement ».

saison de rêve

L'habit fait le Friend : Voici des dessins originaux des acteurs réalisés par la styliste Debra McGuire.

jennifer

ANISTON

Interview d'adieu à F·R·I·E·N·D·S

« Je considère Jen comme une immense comédienne, déclare David Schwimmer, après dix ans passés à jouer Ross face à Rachel. Son rythme et ses réflexes sont excellents, percutants. C'est quelqu'un de rare : peu de filles aussi séduisantes sont aussi drôles et généreuses. Sous son humour se cache une intense vie affective. Et elle est adorable. Une triple menace. »

Qu'est-ce que ça te fait d'entamer ta dernière saison de *Friends* ?

Comme le premier jour de la rentrée, en dernière année. C'est l'effet que ça me fait. Genre, oh ! là, là ! on va passer notre diplôme. Il y a eu quelque chose de vraiment magnifique dans cette dernière année. C'est agréable, mais étrange. Crois-moi, mes études secondaires ont été moins longues.

À la télévision, c'est plutôt inhabituel de faire quelque chose dix ans d'affilée.

Je sais. **Dans la vie, c'est inhabituel de faire quoi que ce soit dix ans d'affilée.**

C'est vrai. Peux-tu décrire ce que cela a représenté pour Rachel et toi de grandir ainsi ensemble face au public ?

C'est quelque chose dont on prend conscience rétrospectivement. Un cadeau qu'on a du mal à ima-giner. Tu as raison, cependant, il s'agit bien de grandir devant le public, parce que j'avais 23 ans au début. Maintenant, on a tous la trentaine, certains sont mariés, ont des bébés et nos vies sont étalées là, devant tout le monde.

Quoi, Jennifer, tu es mariée ?

Mais oui, je suis mariée.

Félicitations. Tu t'es bien débrouillée pour ne pas ébruiter la nouvelle.

le premier jour de la rentrée

Oui, j'ai essayé de garder ça secret. Je suis contente que ça ait marché. D'avoir été dans cette série, on se retrouve fragilisée. On est exposée. Mais heureuse. L'expérience a tellement de facettes imprévisibles, et **ce qu'il y a d'étrange dans cette série, c'est que nos propres vies s'y sont largement infiltrées**. Je ne sais pas comment les scénaristes ont réussi à faire ça. Soit ils sont voyants, soit ils ont mis des micros partout chez nous.

Peut-être les deux.

Mais nos scénaristes nous connaissent tellement bien — nos vies privées finissent par passer à l'écran.

Il y a ces drôles de rapprochements qui se produisent dans certaines séries.

Absolument. Tu connais cette histoire sur l'art qui imite la vie et la vie qui imite l'art. C'est tellement vrai. Ici, ça s'est passé un nombre incalculable de fois. Sans entrer dans les détails, qu'il s'agisse d'un truc entre nous ou avec nos parents, des éléments de nos vies se retrouvent dans la série. Et tout ça sans que nous en ayons parlé. C'est étrange. Donc, pour la faire courte, **j'ai vraiment l'impression d'avoir grandi devant tout le monde.** Il y a eu quelques accrocs au cours des années — des grosses peines de cœur, des leçons ardues — et pourtant nous avons la chance d'être encore tous en vie et tous présents.

Comment décrirais-tu ta vie juste avant que tu n'obtiennes ce rôle ?

Le baiser raconté : Rachel décrit en détail le premier baiser renversant qu'elle a échangé avec Ross dans « Celui qui a été très maladroit ». Elle raconte aux filles : « Au début, je sais qu'il les [les mains de Ross] avait laissées sur mes hanches et ensuite il est remonté doucement et elles ont fini dans mes cheveux… »

Eh bien, j'étais plutôt heureuse, je vivais simplement et j'habitais dans Laurel Canyon. **Tu continues aujourd'hui, mais ta maison est un peu plus vaste.**

Elle est peut-être plus vaste, mais je m'occupais du jardin, je préparais les repas et tout ce qu'on fait quand on a 23 ans et du temps. Je fréquentais régulièrement les cafétérias, je marchais à pied, j'allais à des auditions et j'espérais trouver une série dans laquelle jouer l'année suivante. Avant *Friends*, j'ai travaillé tous les ans dans des séries. Soit la série ne se faisait pas, soit on tournait six épisodes. J'étais la reine des séries qui durent six ou treize épisodes. Et c'était génial. Je m'y étais habituée parce qu'on paye son loyer pour l'année et ça dure jusqu'à la suivante. Quand on a su que *Friends* allait continuer une saison entière, j'étais déconcertée. Vous voulez dire : Ça ne s'arrête pas au bout du treizième épisode ? **Ce personnage, il faut que je le joue plus longtemps que ça ?** Mais en même temps, c'était évident. Il s'était passé quelque chose. L'énergie de ces gens, ils voulaient vraiment que ça marche. On avait envie d'être là. J'avais envie de passer du temps avec eux. Avec les scénaristes, les acteurs, avec tous.

Pourquoi cette série a-t-elle touché un public si large ? Après le 11 septembre, les spectateurs sont revenus comme si tous les six, vous étiez leurs vieux amis.

on avait envie

Rendez-vous avec le destin : Rachel et Ross pendant leur premier rendez-vous officiel dans « Celui qui a fait on ne sait quoi avec Rachel ». D'après Ted Cohen, le producteur, « Jennifer apporte à Rachel une authenticité qui lui permet d'être drôle même quand Ross et elle se disputent, rompent, ont un bébé, etc., ce qui est incroyablement rare ».

Filles, filles, filles : Courteney, Jennifer et Lisa.

d'être là

Nous étions amis. C'est ce que je ressens.
En dehors du fait que New York, c'est chez moi – j'y ai grandi –, quelque chose de particulier s'est déclenché pour nous après le 11 septembre. C'était difficile de recommencer à travailler et faire une sitcom quand le monde partait en miettes. Je me sentais impuissante sans plus savoir où était notre place et ce que nous étions censés faire. **Que décider ? Pouvions-nous oser reprendre le travail ?** Tout cela paraissait tellement banal. Puis petit à petit, dans le premier épisode que nous avons joué, il y avait une telle énergie dans le public, j'ai compris que les gens avaient désespérément besoin de cette détente. Et les rires étaient plus bruyants que jamais. Comme s'ils canalisaient leurs larmes dans des rires homériques. La série offrait des petites poches de consolation. Les gens venaient me voir après le 11 septembre, ici et à New York, pour me remercier de leur avoir permis de s'échapper une demi-heure. Ça me donne envie de pleurer de repenser à cette période. Nous nous disions : « D'accord, voilà ce que nous, nous savons faire. Il faut reprendre le travail. Distraire les gens et leur permettre de rire. »

***Friends* fait vraiment appel aux sentiments, ce que cette bonne vieille bande de Seinfeld évitait de façon explicite. Cela fait-il partie de ce qui a fidélisé le public ?**

Je ne peux que comparer à ce que moi, je ressens. Puisque j'avais envie d'être avec ces gens, je suis sûre que cela passait de l'autre côté de l'écran. C'est comme ce que je disais à propos de nos vies qui imitaient ce qui se passait dans la série ou la série qui imitait nos vies. Si nous, nous souffrions dans nos vies réelles, tous les gens de moins de 30 ans qui nous regardaient se sentaient concernés et pouvaient ainsi rire d'eux-mêmes.

En dehors de revenus plus que corrects, quel a été le meilleur côté de ce boulot ?

La meilleure chose, c'est de savoir qu'on donne aux gens quelque chose qui leur fait plaisir.

Coffré : La bande regarde Chandler poursuivre Kathy après que Joey l'a libéré dans « Celui qui était dans la caisse ».

Qu'est-ce qu'on s'amuse : Ross essaie de se rattraper aux yeux de Rachel en lui offrant un ressort dans « Celui qui cassait les radiateurs ».

partir

Perdue dans ses pensées : Rachel ne peut pas s'empêcher de penser à Ross alors qu'elle sort avec un autre dans « Celui qui fait craquer Rachel ».

au bon moment

« Amusons les gens et faisons-les rire. »

Mauvaise manipulation : Rachel explique à Ross qu'elle a effacé le message d'Emily qui souhaitait redémarrer la relation dans « Celui qui sauvait des vies ».

« Quand donc étais-tu en dessous ? » : Rachel tente d'empêcher Ross d'écouter son message où, soûle, elle affirme qu'elle est au-dessus de lui dans « Celui qui tombe des nues ».

Un homme, une femme et une moustache : Ross exprime ses talents d'artiste sur Rachel dans « Celui qui était à Las Vegas ».

L'homme de paille : Joey dédouane Chandler en affirmant que le slip qui traîne est à lui, afin que Rachel ne découvre pas la relation entre Chandler et Monica, dans « Celui à qui on a piqué son sandwich ».

c'est ma famille

Voilà le plus beau des cadeaux et si les gens ne s'amusent plus, inutile de continuer. Voilà notre philosophie quant à la manière et au moment d'arrêter la série. **On veut partir quand on nous aime encore.** Pas quand ils diront : « Oh, vous auriez dû arrêter il y a belle lurette. »

Je dois dire que la série a bénéficié d'une sacrée bonne distribution.

Je considère tous les acteurs de la série comme des membres de ma famille. Et ce que j'aime chez eux, c'est la régularité de leur travail, leur investissement. J'admire la façon dont chacun a fait évoluer son talent ; c'était tellement amusant de les voir se déployer au fur et à mesure que nous apprenions à jouer. Nous avons appris ensemble à être meilleurs. **Ces gars-là, ils m'ont appris quelque chose tous les jours sur le lieu de tournage.** Rien que les deux premiers jours de cette dernière saison, on a ri — comme des baleines — et ça m'a tellement donné la pêche. Ils vont me manquer. Matthew Perry qui me fait passer du rire aux larmes, ça va me manquer. Ils vont tous me manquer. Et je vais les voir. Pas question que je ne les voie plus — ils ne sortent pas de ma vie. Il n'en est pas question. En tout cas, c'est ce que nous disons tous, pleins d'espoir. La route de l'enfer est pavée de bonnes intentions. Mais je ne saurais te dire à quel point j'aime et je respecte ces acteurs.

Mais que va faire le monde le jeudi soir maintenant qu'il va y avoir ce grand vide ?

Une coiffure qui décoiffe : une coupe de cheveux qui a fait le tour du monde.

Je suis censée dire : regardez *Joey. [Rires]* Moi, je vais le regarder. **Matt est merveilleux.** Il a un cœur gros comme ça — c'est Matt LeBlanc, un amour. Je ris toujours en pensant à nos relations passées parce qu'il me terrifiait. Il était en cuir, des pieds à la tête — ce genre de mec dont on se dit : « Oh, il va essayer de me fourrer dans son lit. Je le vois venir à des kilomètres. » Et puis, il s'est avéré que c'était l'homme le plus gentil du monde. Il travaille comme un fou. Je l'adore. C'est un frère. Il est comme mon propre frère, sauf qu'il est ici.

Le groupe en a vu de belles. Par exemple, Matthew a traversé une sale période. Ces expériences partagées doivent approfondir les relations.

Oh ! là, là ! quand on est confrontés au fait qu'on risque de perdre un ami de cette manière ! On a failli le perdre. Fini la série, fini la vie. C'était notre souci principal. Et nous nous demandions si nous faisions tout ce que nous étions censés faire. Nous étions terrifiés pour lui. Et nous étions en rogne. En rogne contre lui qui ne s'aimait pas, en rogne parce que c'était gênant et que ça n'en finissait pas. Ça, c'était l'aspect humain. De l'autre côté, on disait : T'as intérêt à guérir. Et, Dieu merci, il s'en est sorti. Il est revenu, meilleur que jamais. Vraiment. Je suis sûre qu'une des grandes peurs de Matthew, c'était celle de l'artiste torturé : que suis-je sans la drogue ? Maintenant, il a dépassé tout ça. Il s'est branché sur un côté affectif dont nous savions tous qu'il existait, sauf lui sans doute.

« Nous faisons notre métier. »

alors rien n'est

Le grand débat : Joey essaie de rester calme en demandant à Rachel comment son Hugsy s'est retrouvé dans le berceau d'Emma dans « Celui qui envoyait des e-mails ».

Beaucoup d'acteurs sont en rivalité. Comment avez-vous réussi à demeurer unis ?
En parlant beaucoup. **Et parce que nous souhaitions que ça fonctionne.** Si, dès le début, nous ne nous étions pas autant aimés, nous aurions sans doute facilement lâché prise. « On s'en tape. C'est chacun pour soi. On fait le boulot. Et puis on se casse. » Mais là, quelque chose empêchait que ça se passe ainsi. On repassait tout à la moulinette. On discutait, on mettait tout sur la table. C'était plus ou moins facile. Notre premier réalisateur, qui nous manque terriblement, Jim Burrows, a dit : **« Restez ensemble, agissez comme un groupe. » Et on lui a obéi à la lettre.** On a suivi son conseil. On a construit là-dessus, sur cette pensée fondamentale, cette intention, cet engagement. Des engagements, ça se respecte et nous étions engagés les uns par rapport aux autres..

Comment as-tu réagi quand le média qui t'offrait ses couvertures t'a accusée d'être trop visible ?
Surprenant, non ? Bof, on encaisse, après tout c'est pas mon problème. Je ne suis pas enfermée dans ma bulle, à guetter les mensonges et les conneries qui vont sortir sur les gens célèbres. Les médias sous-estiment vraiment l'intelligence du public en leur faisant lire ces saletés. Ils créent d'abord l'illusion que nous menons des existences fabuleuses. Les gens finissent par y croire et puis, dans le même journal, on trouve une tonne de saloperies sur notre compte, du coup ça doit remettre les pendules à l'heure, équilibrer tout ça. **Alors, rien n'est vrai ?** Pas le côté fabuleux. Ni le côté saloperies. C'est quelque part entre les deux – nous faisons notre métier.

Joyeux anniversaire : Rachel affronte le grand passage des 30 ans

Chambre avec vue parfaite : Rachel chante et danse toute nue sans imaginer que Ross pense qu'elle le fait pour lui dans

ces auteurs me

Tu as pensé à la façon dont tu souhaitais que cette série se termine ? Comment voudrais-tu qu'on se souvienne de toi ?

Je ne veux même pas y penser. Je suis incapable d'imaginer que ça va s'arrêter. De même j'ignore quelle fin pourrait conclure correctement cette série. Je ne sais pas comment m'y prendre. Et Dieu merci, c'est aux auteurs de s'en débrouiller.

Parlons des auteurs. Quelle est leur place dans cette success-story ?

Ces auteurs me sidèrent. Aucun ralentissement de rythme. Quand on pense à ce qu'ils travaillent, c'est phénoménal qu'ils partagent encore la vie de leurs bien-aimés. Ils travaillent tard et longtemps, le travail bâclé, ils ne connaissent pas. Ils sont obsédés

Question de sexe : Rachel apprend qu'elle va avoir une fille dans « Celui qui découvrait les joies du bain ».

Gros plan de face : Aniston se fait faire une retouche de maquillage par Robin Siegel sur le tournage de « Celui qui devait gagner à la loterie ».

sidèrent

par le fait de faire la meilleure série du monde. Après deux ans au top, il est facile de se relâcher un peu et de profiter du voyage. Mais eux, ils n'ont jamais lâché prise.

Dirais-tu que Bright, Kauffman et Crane ont bien fait de lancer tout ça ?

Ils ont créé une famille. Tu sais, Marta et David étaient ensemble à la faculté. Ils ont une longue histoire. Tout le monde a commencé tellement jeune, sans le moindre point de comparaison ; je crois que David, Marta et Kevin ont donné le ton de cette famille. Des grands dîners en groupe, regarder les séries en groupe, en groupe par-ci, en groupe par-là. On a eu beaucoup d'activités en groupe. C'était leur vision des choses, leur vie. Pour Marta et David, ce sont des gens qui font partie de leur vie — Monica, Rachel, Ross et tous ces personnages. Le plateau les attend.

Au début, tu as refusé le rôle de Monica, c'est vrai ?

C'est vrai. Ils voulaient que je joue Monica. Mais j'ai lu Rachel et j'ai pensé que je ressemblais plus à Rachel qu'à Monica. Je crois que Courteney était censée faire Rachel mais elle a dit la même chose, qu'elle se sentait plus Monica que Rachel. Heureusement.

Rachel aurait pu être peu attirante et pourtant elle est devenue un des personnages les plus célèbres et les plus séduisants de l'histoire de la télévision. À quoi cela a-t-il ressemblé de se mettre dans sa peau ?

Comment avons-nous réussi à ne plus faire qu'une ? Je ne sais pas ; plus Rachel a mûri, plus je m'y suis retrouvée, peut-être parce que je mûrissais aussi. Je n'ai pas eu une enfance de petite fille riche, nous étions donc différentes sur ce plan. Il y avait beaucoup de choses différentes, mais j'ai grandi à Manhattan et j'ai connu des filles de l'Upper East Side. Alors, je savais à quoi elles ressemblaient. Même dans l'Upper West Side, il y avait des bons et des mauvais quartiers.

Intéressée : Rachel regarde « l'album de mariage » de Monica que celle-ci conserve depuis qu'elle est petite dans « Celui qui réglait le mariage ».

Peut-être connais-tu les filles riches mieux qu'elles-mêmes parce que tu les as observées attentivement ?

Oh, je passais mon temps à les observer. J'ai pu aller dans un établissement privé parce que ma mère y connaissait des gens. On jouait au volley contre les filles de toutes ces super écoles privées et les élèves étaient incroyables. Ils me fascinaient. Vraiment. Ils étaient tous beaux, grands et minces ; à 12 ans, ça fait de l'effet, un effet qui dure.

Beaucoup de guest-stars célèbres ont tourné dans *Friends*. Crois-tu que c'est un endroit effrayant ?

Ce qui était fascinant pour moi, c'était la façon dont, nous, nous étions terrifiés quand ces acteurs de cinéma venaient. « Qu'est-ce qu'ils vont penser de tout ce cirque bêta ? » on se disait. Et puis ils arrivaient, ils étaient nerveux, pas dans leur élément. Ce n'était pas le cas de tout le monde — Julia Roberts nous en a bouché un coin. Tout le monde nous en a bouché un coin, mais elle, je n'avais pas du tout l'impression qu'elle avait peur.

Puis-je te dire que ton mari nous en a vraiment bouché un coin ?

Ah, il était génial, non ? Je suis d'accord. Mais je te prie de croire qu'il a travaillé dur. On s'amusait tellement à faire cette série ; pour moi, c'était bien de l'amener dans mon univers pour lui montrer ce qui se passait. Il était très admiratif, et c'était génial. Mais je n'ai jamais vu quelqu'un d'aussi nerveux.

Brad Pitt, nerveux ?

Il se disait : « Je vais rater ma première réplique, j'en suis sûr. Je vais la rater. » Et nous on lui disait : « Arrête, tout ira bien. » Évidemment, il s'est planté. C'était obligé. Il était obligé de rater sa première réplique.

Un vrai Prinze : Rachel discute avec l'homme le plus sensible de toute l'histoire de la télévision, joué par Freddie Prinze Jr. dans « Celui qui était le plus drôle ». « Je n'ai jamais rencontré quelqu'un d'aussi gentil, d'aussi sincère et d'aussi drôle que Jennifer ! raconte Prinze. Chaque fois qu'elle criait "Va te faire voir, Geller !" des coulisses, j'étais complètement débordé. J'avais beaucoup de mal à dire mes répliques et à garder un visage impassible. C'est une sacrée originale. »

Clair de lune : Bruce Willis joue le rôle enviable de Paul, celui qui emballe Rachel dans « Celui qui se la jouait grave ». Jennifer se souvient : « On s'est bien marrés avec Bruce Willis. Travailler avec lui, c'était une expérience formidable. »

Les Pitt : La bande et un invité du nom de Pitt écoutent Ross avouer qu'il a couché avec la bibliothécaire de la faculté dans « Celui qui avait fait courir la rumeur ». Ross explique : « J'avais travaillé un peu tard à la bibliothèque, un après-midi. Il n'y avait plus que nous deux. Elle avait besoin d'un coup de main pour trier toutes ses fiches. Et là, une chose en entraînant une autre… Si vous voulez tout savoir, Anita a su être très douce et très tendre… Puisse-t-elle reposer en paix. »

il était génial, non ?

« Matt est merveilleux. »

Aussi bien ton mari que Courteney Cox m'ont surpris en jouant les gros avec beaucoup d'aisance.

Oui, l'un comme l'autre n'auraient jamais pu être gros, ils n'ont sans doute pas ce gène dans leur corps. Et pourtant, ils ont bien trouvé le truc.

Tu achèves *Friends* mais tu es déjà une star de cinéma. Tout le monde a fait des efforts pour que cela soit possible ?

Bright Kauffman Crane nous ont soutenus à fond quand nous faisions autre chose. Comme si papa-maman voulaient que leurs enfants se débrouillent dans la vie et ils nous ont proposé toutes les occasions pour explorer d'autres pistes tout en continuant la série. C'est absolument étonnant de leur part. Le fait que j'ai pu tourner deux films tout en jouant dans la série – ce n'était pas amusant, je ne referai plus jamais ça. Mais oui, j'ai pu le faire. Si j'en avais envie ? Non. Mais ils m'ont apporté ça sur un plateau, ils ont travaillé très dur, et tout le monde s'est préoccupé de mes horaires impossibles, comme pour les autres quand ils étaient obligés de partir. Je suis éternellement reconnaissante de cette souplesse, de ce soutien et de toutes ces émotions. Ils voulaient vraiment notre bien, ils voulaient que nous ayons une vie en dehors de la série. Et ce sera le cas. Enfin, peut-être pas. On ne sait pas. On va attendre, mais en tout cas, ils ont été sublimissimes. ***Sublimissimes.***

La mère et la fille : Maman Rachel lit une histoire à Emma dans « Celui qui a failli avoir la subvention ».

sublimissimes

Le baiser : Joey se précipite dans sa chambre d'hôtel pour échanger un premier baiser passionné avec Rachel dans « Celui qui allait à la Barbade – deuxième partie ». L'idée de faire du mal à Ross ne retient plus Joey après l'avoir vu avec son ex-petite amie, Charlie, en train de l'embrasser dans le couloir.

SAISON DEUX

Tous aux abris : Dans « Celui qui retrouve son singe — première partie », les colocs se protègent contre une fan de Joey, qui s'avère être une charmante et ravissante cinglée jouée par Brooke Shields. Chandler, effrayé, s'exclame : « Oui, la cogner avec une poêle, c'est une bonne idée… » Et quelques instants plus tard, Joey annonce : « Ça y est. C'est comme [illegible] va mourir. »

C'ÉTAIT LA

saisons. C'était la pire des saisons. Cette deuxième saison compte de nombreux épisodes forts mais on parle pour la première fois de ce qu'on appelle maintenant un phénomène de saturation.

La Saison Deux, c'était la suite des aventures de Ross et Rachel, y compris la présence souvent indésirable de Julie la paléontologue, le premier baiser de ce couple à éclipses dans l'épisode « Celui qui tombe des nues » (suivi, huit épisodes plus tard, de « Celui qui a fait on ne sait quoi avec Rachel »). Il y a eu la mort tragique de M. Heckles, la révélation bouleversante du troisième téton de Chandler, la réapparition de Tom Selleck, vieil ami de la famille Geller mais nouvel amour de Monica, l'ascension et la chute du Dr Drake Ramoray, dans le soap-opéra où joue Joey, le joli mariage homosexuel de Carol et Susan, sous la houlette de la sœur de Newt Gingrich, Phoebe qui a chanté « Smelly Cat » et qui est devenue amie avec son demi-frère Frank, un nouveau colocataire étrange pour Chandler. *Friends* était devenu incontournable : rien que dans « Celui qui retrouve son singe », on pouvait voir, en guest-stars, Brooke Shields, Chris Isaak, Fred Willard, Jean-Claude Van Damme et une petite actrice qui s'appelait Julia Roberts.

Pour une deuxième année, pas trop mal, non ?

Pourtant, tout n'était pas rose dans le monde de *Friends*. « Je crois que la deuxième saison était assez terrifiante, dit Marta Kauffman. On se disait : "Quoi, il faut qu'on recommence ? Et ça veut dire quoi, tout le monde a les yeux fixés sur nous ?" Même si je suis très fière d'une grande partie de cette saison, on a fait beaucoup de découvertes cette année-là. Nous avons appris ce qui marche et ce qui ne marche pas, ce qu'on peut faire et ne pas faire. »

Ce qu'on ne peut pas faire, en tout cas, c'est devenir gros comme *Friends* sans se trouver confrontés à une loi physique du show-biz : chaque action correspond à une réaction égale et souvent contradictoire. Brusquement, *Friends* n'était plus cette Petite Série Intéressante. *Friends* se retrouvait sous les feux de la rampe et le changement était visible — il ne s'agissait plus seulement de six jeunes sympathiques mais également de coiffures à la mode, de nouvelles tendances et de six jeunes stars montantes qu'on voyait partout. La série avait un tel succès qu'à l'automne 1996 de nombreuses sitcoms sont apparues sur les écrans, conçues sur mesure pour exploiter le filon *Friends*. Si l'imitation est la forme la plus sincère de la flatterie, peu de séries ont été aussi flattées que *Friends* durant cette deuxième saison.

Évidemment, les acteurs touchaient des cachets plus importants. Durant l'été 1996, les six ont fait la une des journaux en se regroupant pour renégocier collectivement leurs contrats, obtenant ainsi une grosse augmentation de près de 100 000 dollars par épisode. « La raison pour laquelle nous nous sommes groupés n'est pas vraiment financière, explique Lisa Kudrow. Tous les six, nous avions conscience de vendre une série qui parlait de notre amitié. Et nous, nous étions amis. Alors, si le moindre ressentiment naissait parce qu'il y en avait un qui gagnait plus d'argent que l'autre, cela se serait vu à l'écran. On était donc tous pour un et un pour tous. »

De façon paradoxale, certains des médias qui passaient leur temps à vendre des images et des potins sur les acteurs de *Friends* se sont mis à colporter une chose beaucoup moins flatteuse : on voyait trop ces acteurs. Et en toute justice, à un moment, ces jeunes stars étaient effectivement omniprésentes.

découvertes

MEILLEURE DES

« Les acteurs sont devenus du prêt-à-consommer sur des milliards de couvertures de magazine, sur une pub, sur un thème musical, sur des produits dérivés et quelques films, dit Kevin Bright. Si on additionne tout cela, on peut penser que ces gens qui étaient tellement neufs durant la première saison, brusquement, on les connaissait un peu trop, un peu trop vite. Donc, en dépit des taux d'écoute de cette deuxième saison, je crois qu'entre Marta, David et moi on pourrait bien voter que cette saison n'est pas notre préférée. »

La campagne Diet Coke des *Friends* est maintenant considérée comme la goutte d'eau qui a fait déborder le vase. « Nous l'avions vu venir, se souvient Jennifer Aniston. Nous savions que nous en faisions trop, trop vite, mais on était comme aspirés. »

Quand il y a eu ce phénomène de saturation, Jennifer et de nombreux partisans de *Friends* l'ont pris de plein fouet : « Si cela m'a blessée ? Oui, mais je ne suis qu'une grosse guimauve invertébrée, très susceptible. On bosse, on fait ce qu'on a toujours fait, et brusquement, un jour, les gens qui vous ont poussé décident de vous réduire en charpie. Il faut bien apprendre que ça fait partie du jeu. Cette montée en puissance, et cette chute, c'est fascinant. C'est un cycle étrange qui est toujours présent. »

Pendant la Saison Deux, tandis que le succès continuait, *Friends* découvrait la douleur. Aujourd'hui, on peut considérer que cela faisait partie de l'évolution de la série. Mais tout le monde n'est pas un farouche partisan de l'évolution. Dans « Celui qui est mort dans l'appart du dessous », Phoebe fait justement remarquer : « Les p'tits singes, Darwin — c'est vrai que c'est une jolie histoire. Cela dit, je la trouve légèrement trop facile. »

Cœur de singe : Comme l'a écrit Marcel dans une confession inédite : « À ma bonne vieille bande. Si jamais vous lisez ceci, il y a une chose que votre humble chimpanzé souhaite vous avouer : en dépit de toutes les bagarres, de toutes les altercations sur le plateau et de toutes ces malheureuses fois où les acteurs ont glissé sur des peaux de banane, je n'en considère pas moins chacun d'entre vous comme mon véritable ami. »

Un baiser mémorable : Dans « Celui qui tombe des nues », Ross sort en trombe du Central Perk après avoir discuté avec Rachel des sentiments qu'elle a pour lui alors qu'il sort avec Julie. Il ne lui faut pas longtemps pour faire demi-tour et le couple préféré de l'Amérique finit enfin par s'embrasser.

Dans le sens du progrès : La militante Candace Gingrich, qui joue le rôle de la pasteure qui marie Carol et Susan dans « Celui qui n'apprécie pas certains mariages », fait aujourd'hui cette remarque sur la série : « Ils avaient tous l'air de comprendre l'importance du message de cet épisode. On se trouve plongé en plein cœur du combat pour la reconnaissance du mariage homosexuel, et l'équipe de *Friends*, quelques années plus tôt, avait déjà enfourché le bon cheval. Des séries comme celle-là, il en faudrait beaucoup d'autres ! »

Superman rikiki : Dans « Celui qui n'apprécie pas certains mariages », Chandler déplore le fait que tant de femmes soient inaccessibles en raison de leurs choix sexuels. « J'ai l'impression d'être Superman qui aurait perdu ses pouvoirs, j't'jure, renchérit Joey. J'ai bien la cape, mais l'horreur, c'est que j'arrive pas à voler. »

Star fatale : Dans « Celui qui retrouve son singe – première partie », Joey rencontre LA fan du Dr Drake Ramoray, jouée par Brooke Shields. Ce rôle amènera Brooke Shields à avoir sa propre sitcom, *Susan*. « J'ai dit oui sans avoir vu le script parce que j'étais une inconditionnelle de *Friends*, explique Brooke Shields aujourd'hui. C'était un succès phénoménal, une série fantastique et qu'on veuille de moi dedans, et pas dans mon propre rôle, là, j'étais folle de joie. Comme je n'avais jamais tourné dans une série, je ne savais pas où je mettais les pieds et j'ignorais que ça allait changer ma vie. »

courteney

COX

Interview d'adieu à F·R·I·E·N·D·S

« Courteney est **incroyable**, dit son époux de télévision, Matthew Perry. Elle aime travailler dur et elle s'investit beaucoup. C'est une comédienne bourrée de talent et je crois qu'elle l'ignorait au début. Elle a su s'installer au cœur de ce travail collectif en apportant sa propre névrose au rôle. Les moments plus dramatiques ne lui font pas peur ; cela m'a beaucoup aidé dans ma carrière et pour la série, parce qu'on cessait de plaisanter pour enchaîner sur l'émotion. »

Quel effet cela fait-il de se retrouver si près de la fin de *Friends* ?

Je n'ai pas encore vraiment compris.

Permets-moi d'être le premier à te l'annoncer : c'est presque terminé, ma jolie.

Eh, je vis dans le déni.

Tu te souviens du moment où tu as obtenu le rôle de Monica ?

Eh bien, d'abord, j'étais persuadée que j'avais le rôle. Puis je me souviens être allée aux toilettes à la Warner et j'ai entendu dans la cabine à côté que Nancy McKeon était également pressentie. Du coup, je n'étais plus aussi sûre de moi. C'était manifestement tangent. C'est ce qui m'a frappée, sans doute parce que c'était une surprise et, en plus, dans un drôle d'endroit.

D'après certains de tes collègues, tu as affirmé clairement que cette série serait un effort collectif. Tu plaides coupable ?

Je ne sais pas si je plaide coupable, mais je pensais vraiment que c'était très important pour la série. Et je crois que je ne me trompais pas.

Oui, on peut le dire. Pourquoi crois-tu que cette équipe a tellement bien tenu le coup alors que tant d'autres explosent ?

À chaque négociation, l'un de nous se faisait le champion de l'unité. Chacun son tour.

rester unis

Pas de secrets l'un pour l'autre : Chandler et Monica échangent des confidences dans « Celui qui retrouvait son rôle ».

Deux filles et une capote : Monica et Rachel se disputent le dernier préservatif, chacune voulant assurer l'extase de son amoureux, Ross ou Richard, dans « Celui qui disparaît de la série ». Rachel insiste : « Je ferai ta lessive pendant un mois… » « Je ferai le ménage pendant deux mois », contre-attaque Monica. « D'accord, voilà ce que je te propose : je te le donne maintenant si tu me dis où est rangée la pelle à poussière. »

Ce n'était jamais identique **mais le plus important, c'était de rester ensemble.** Tout le monde savait que c'était la clé du succès. Après tout, c'était une série sur des amis. C'était logique. Je ne connais aucune autre série comme *Friends*, où il y a six personnages authentiquement égaux. Dans les autres, il y a toujours une vedette, ou peut-être deux, et quelques rôles secondaires. Nos scénaristes conservaient cette égalité de façon consciente et leurs textes nous ont donné la force de réussir.

Certains d'entre vous trouvent qu'il y a un lien étrange entre ce qui se passait dans la série et ce qui se passait dans vos vies. Est-ce ainsi que tu perçois les choses ?

C'était surprenant, on laissait peut-être filtrer ce que nous vivions vraiment. Mais en réalité, **les scénaristes écrivaient l'histoire de gens qui grandissaient en faisant leurs expériences,** et si on y réfléchit, **c'était bien ça qui nous arrivait.**

Au départ, tu avais été contactée pour jouer le rôle de Rachel, mais tu as choisi Monica. Qu'est-ce qui t'a plu dans ce personnage ?

Son côté sarcastique me plaisait. Mais en vérité, quand on lit un pilote, on ne se rend pas bien compte. **Je me sentais des affinités avec elle.** Elle paraissait assez forte et il m'a semblé que ce serait amusant à jouer. En réalité, c'était un pari, je ne savais pas. Je n'y ai pas beaucoup réfléchi, d'ailleurs. Je me suis dit : « Voilà un excellent pilote et c'est du travail. » Et j'avais besoin de travailler.

Esprits soupçonneux : Chandler reçoit un appel de Joey, qui se fait du souci – à tort – sur l'honnêteté de Monica dans « Celui qui n'osait pas dire la vérité ».

Mais quand la série a démarré, tu étais déjà connue.

Dans ce métier, on a toujours besoin de boulot. J'avais peut-être fait des choses avant *Friends*, mais je n'étais pas près de vivre de mes rentes.

Alors, tout ce que tu avais touché pour *Misfits of Science* s'était envolé ?

J'ai acheté une jolie petite maison à Beverly Glen, mais ça n'allait pas me faire vivre jusqu'à la fin de mes jours. Et c'était pareil avec *Family Ties*. J'avais eu beaucoup de chance avec tout ça et je m'étais bien amusée, mais, à l'évidence, il faut bien que j'enchaîne les boulots.

À quel point Monica était-elle définie au début ?

Quand j'ai lu le pilote la première fois, **je ne savais pas qu'elle serait aussi obsessionnelle.** Elle était déjà névrosée, mais j'ignorais qu'elle allait devenir aussi tendue et obsessionnelle. Je ne m'étais pas rendu compte de l'ampleur que cela allait prendre. Pour moi, c'était simplement une fille qui cherchait un mec et qui n'avait rien d'une sainte-nitouche.

Es-tu au courant que, pour le pilote, la chaîne s'est inquiétée auprès des producteurs, parce qu'elle craignait que Monica ait l'air d'une coureuse ?

Je ne m'en souviens pas mais, moi, je n'ai jamais pensé que Monica était facile.

solidaires

« On est amies pour la vie. »

on peut affronter

Récemment, tu as produit une émission de déco qui s'appelait *Mix it Up*. À observer les producteurs de la série, Bright Kauffman Crane, as-tu appris quelque chose sur la production ?

Bien sûr, j'ai appris énormément de choses en les observant. Je dois même signaler que notre émission est réalisée avec un budget minuscule. En les regardant travailler, j'ai appris à respecter la production. C'est une tâche difficile. Il faut prendre des décisions sans arrêt et si on est, comme moi, une maniaque du contrôle, on veut avoir réponse à tout. Et que personne ne parle à ma place. Alors, c'est parfois compliqué, mais j'adore ça. Et quand je pense à la pression qu'ont subie Kevin, Marta et David depuis dix ans, ça me semble incroyable. J'ai le plus grand respect pour eux.

Avoir participé à un succès comme *Family Ties* t'a-t-il préparée à ce phénomène massif de culture populaire qu'est devenu *Friends* ?

Non, je ne crois pas. *Family Ties* était une grande série, mais je n'étais pas un personnage principal, même si j'étais présente pendant les deux dernières années. J'étais tellement jeune à l'époque. Franchement, je ne savais pas ce que je faisais. **J'étais pétrifiée.** Tout ce dont je me souviens – en dehors du fait que j'ai beaucoup aimé travailler avec l'équipe –, c'est que le créateur de la série, Gary David Goldberg, était une des personnes les plus charmantes et les plus talentueuses que j'aie jamais rencontrée.

Et maintenant, sur *Friends*, tu travailles avec sa fille Shana, non ?

Oui, Shana Goldberg-Meehan est une de nos grandes auteurs et productrices de la série. Mais sincèrement, il était inutile d'être préparée à cette expérience. Tout se déroulait très vite, mais on a toujours le temps de se retourner. C'est incroyable ce qu'on peut faire en une journée. **On peut affronter la mort, on peut donc sûrement affronter la gloire.**

la gloire

Entraînement intensif : Monica s'autoproclame entraîneur de Chandler dans « Celui qui tombe des nues ». Elle le stimule : « Allez, tu m'en fais cinq de plus. Cinq de plus ! Cinq de plus et j'enlève le haut ! »

Au finish : Monica se bat toujours pour le ballon de foot alors que tout le monde est déjà parti dans « Celui pour qui le foot, c'est pas le pied ». Elle crie : « Lâche ça, je suis une petite femme fragile ! »

Un moment électrique : Monica s'excite de façon maniaque sur le circuit électrique de l'immeuble, parce qu'elle cherche un interrupteur mural apparemment inutile dans « Celui qui jouait au rugby ». « Cet interrupteur sert forcément à quelque chose, explique-t-elle. Alors, je suis allée chercher ces plans à la mairie. Pour ça, je n'ai dû payer que 25 dollars et faire trois heures de queue. »

Rétrospectivement, qu'as-tu appris du phénomène de saturation après la première saison ?

Je vais être franche avec toi, je crois que ça m'a échappé. Un jour, on était dans une maison hantée et tout le monde disait : « Tu as vu le fantôme ? » Moi, je ne l'avais pas vu. Je suis peut-être dans ma bulle, mais en général je ne me laisse pas trop déstabiliser par ce genre de choses. Oui, j'ai entendu dire qu'il y avait un terrible phénomène de saturation dans la presse, mais je ne me souviens pas m'en être inquiétée. Je suis du genre à dire : **« Ne m'envoyez pas la presse à scandale, parce que je m'en fiche. »** Je ne me fiche pas de ce que pensent les gens que je connais et que j'aime, mais c'est tout. Je m'intéresse aux taux d'audience mais pas question que ça me donne des insomnies.

Y a-t-il eu un moment où tu as clairement compris l'ampleur que prenait *Friends* ?

Lorsqu'on est allés en Angleterre filmer le mariage de Ross et Emily, c'était évident. Il y avait tellement de paparazzi que nous nous sommes tous dit : **« Waouh, c'est quelque chose ! »** Je préférais les tournages sur notre plateau avec notre équipe, mais on s'est bien amusés. C'étaient des grandes vacances studieuses. Je partageais une chambre d'hôtel avec Jennifer et on s'est bien marrées.

Vous partagiez vraiment une chambre ?

Il y avait deux chambres, mais on partageait la suite.

Y a-t-il eu d'autres moments où tu as compris ce qui se passait ?

Quand on allait faire des courses, les gens nous suivaient partout. Peu de temps après, je suis allée à Paris et je me suis rendu compte que « Oh ! là, là ! ça décoiffe partout ». Ensuite, j'ai vu des cassettes sous-titrées ou doublées en différentes langues et j'ai compris l'ampleur de notre succès.

Parlons un peu des autres acteurs. Qu'est-ce qui te plaît chez Matt LeBlanc acteur ?

Matt LeBlanc est sans doute un des hommes les plus généreux que je connaisse, David mon mari excepté. Ils sont ex aequo. Et cette générosité du cœur, authentique, c'est aussi ce que j'admire tellement dans son jeu. **Matt, en prenant ce rôle, a rendu Joey adorable** et tellement réel, même s'il est caricatural sous bien des aspects. Il s'est vraiment identifié à cette partie hystérique du personnage de Joey.

Et Lisa Kudrow ?

Lisa est brillante et j'admire son intelligence qui lui permet de jouer un personnage tellement innocent et loufoque. Elle est pour moi une constante inspiration. Je la respecte. **Elle fait partie des gens que j'aime, un point c'est tout.**

David Schwimmer ?

David Schwimmer, **j'adore son engagement.** Quand il accepte quelque chose, il s'y investit à 100 %. J'ai beaucoup appris avec lui. C'est un grand acteur.

Jennifer Aniston ?

Jennifer est une actrice exceptionnelle et je l'adore. Elle est tellement sincère et elle a un talent incroyable. La regarder passer d'un moment dramatique à la comédie, dans *Friends* et ailleurs, sans avoir l'air d'y toucher, c'est fabuleux. Elle est comme ma sœur. Je l'adore. **On est amies pour la vie.**

Crois-tu que tu aurais interprété Rachel d'une tout autre manière que Jennifer ?

Ah oui ! absolument. Je ne possède pas les mêmes qualités qu'elle.

waouh, c'est

« Il m'a beaucoup appris. »

Tout sauf le train-train : Pas un faux pas pendant la soirée de Nouvel An rock chez Dick Clark dans « Celui qui souhaitait la bonne année ». Pour le producteur exécutif Andrew Reich, « Courteney irradie un enthousiasme tellement chaleureux qu'il en est irrésistible ».

Jet d'eau : Monica rappelle à Chandler qu'il sera toujours le gars qui ui a pissé dessus dans « Celui qui soignait les piqûres de méduse ».

quelque chose !

« Il fait partie de ma famille. »

Révélation : Monica dit « je t'aime » à Chandler pour la première fois après que Phoebe a tout révélé de leur histoire dans « Celui qui découvre tout ».

Entre filles : Lecture attentive de *Playboy,* mais seulement les images dans « Celui qui inventait des histoires ».

Nous avons la même morale et le même sens de l'humour, mais nous sommes bien différentes par ailleurs. Si j'avais joué Rachel, elle aurait été beaucoup plus névrosée, alors que Jennifer en a fait un personnage sexy, amateur de rigolade, un peu distrait et assez détaché. J'adore le personnage de Rachel et je crois que personne ne l'aurait aussi bien interprété que Jennifer. Rachel est drôle alors que Monica est coincée. Mais rien ne se produit par hasard.

Sucreries : Dans « Celui qui offrait un vélo », une voisine demande à Monica quand celle-ci s'achètera des bonbons.

Mettre Joey au travail : Avis de tempête pour Joey s'il ne répare pas le sol de la salle de bains dans « Celui qui bricolait ».

Tu as parlé de morale. Certains ont critiqué la moralité de la série. D'après toi, *Friends* a-t-il eu une influence positive sur les gens ?

Absolument. Les gens s'en sentent proches. Peut-être pas de tous les personnages, mais au moins d'un. Puisque cela fait rire, c'est forcément positif. Si on rit cinq minutes d'affilée, ça ne peut faire que du bien. Les sujets abordés sont bien ceux qui concernent les gens et ça ne peut que les aider. Après le 11 septembre, c'était incroyable d'entendre les gens dire qu'on leur offrait une bouffée d'air. J'ignorais que nous allions jouer ce rôle, mais c'était vraiment beau.

Quel effet cela t'a-t-il fait de jouer le même personnage pendant près de dix ans ?

Pour être honnête, je ne suis pas le genre de personne à aimer faire la même chose indéfiniment. Ça ne correspond pas à ma personnalité. C'est pour ça que je bouge tout le temps. J'adore le changement. Ce boulot a été décidément surprenant par bien des aspects, parce que **ce n'est pas normal que j'aime la même chose si longtemps.** C'était génial, ces gens et ces scénarios étaient merveilleux. Mais je ne vais pas rechercher un personnage comme Monica après la série, disons les choses comme ça.

Nous n'avons pas encore parlé de ton mari télévisuel. Ça t'a plu de travailler en aussi étroite collaboration avec Matthew Perry ?

Matthew est un génie comique. Il a des inflexions de voix qui n'appartiennent qu'à lui. Il est extraordinaire dans les échanges de répliques et c'est un grand acteur dramatique. Un type unique en son genre. J'ai beaucoup appris avec lui et nous avons traversé bien des hauts et des bas. Il fait partie de ma famille. On a vraiment travaillé très étroitement ensemble pendant de nombreuses années et je l'aime.

Conversation amicale : Courteney et Matthew discutent avec le metteur en scène de « Celui qui retrouvait son rôle », David Schwimmer.

Souriez, le petit oiseau va sortir : Chandler a beau être sous traitement, Monica ne parvient pas à lui donner l'air normal dans « Celui qui avait toujours l'air bizarre ».

« Matthew est un génie comique. »

Bien réveillés en Amérique : Dans « Celui qui a passé la nuit debout », Monica et Chandler ne parviennent pas à dormir, même après avoir fait l'amour. Devinez qui a envie de faire le ménage ?

une bouffée d'air

Repérages : Monica et Chandler décident de faire un enfant tandis qu'ils attendent à l'hôpital la naissance de celui de Rachel dans « Celui qui avait un bébé – première partie ».

Demande insistante : Monica tente de faire taire Phoebe qui s'est installée pour jouer devant son restaurant dans « Celui qui piquait dans les hôtels ».

À un niveau personnel, es-tu fière de la façon dont sa vie a tourné ?

Oui, je suis toujours fière de Matthew. Je suis fière de sa maturité. Je suis fière de ses succès. Je suis fière de tout ce qu'il a fait et de tout ce qu'il fait. Je suis fière de le connaître, parce que c'est vraiment quelqu'un de bien et qu'il est adulte.

La première fois que tu as entendu parler d'une romance entre Monica et Chandler, tu étais plutôt enthousiaste ou nerveuse ?

Cette intrigue m'a toujours enthousiasmée et j'en ai fait quelque chose de très amusant pour moi. Travailler, c'est toujours amusant mais changer, ça m'excite,

La main dans le sac : Dans « Celui qui devait gagner à la loterie », on apprend que Monica possédait une réserve secrète de billets de loterie.

« Ça a radicalement changé ma vie. »

on les a fait rire

et là c'était un sacré changement. J'étais contente d'avoir l'occasion de jouer ce type de relation, parce que c'est amusant. Jouer la comédie et l'émotion en même temps, c'est bien. **J'ai adoré l'épisode où Chandler me demande de l'épouser.** Dans cette série, je n'avais pas encore eu l'occasion de jouer un moment aussi dramatique, aussi théâtral. Il y en avait eu d'autres, mais cet épisode-là, j'y tiens particulièrement. Il est aussi amusant à regarder qu'à jouer.

Si on regarde *Friends* aujourd'hui, quelles traces laisse cette série ?

Je veux qu'on s'en souvienne **comme d'une série qui a fait rire pendant dix ans,** qui a mûri avec le temps en restant toujours pertinente. Et j'aimerais aussi qu'on la regarde comme un exemple sur la façon de rester unis.

Souhaites-tu t'engager publiquement à regarder le premier épisode de *Joey* ?

Bien sûr, tu plaisantes ou quoi ? J'aime tellement Matt LeBlanc que je vais regarder tous les épisodes. C'est obligatoire. Tout le monde devrait en faire autant. Ça va être grandiose. Une série génialissime !

Jusqu'à quel point crois-tu que *Friends* a changé ta vie ?

Oh, à 100 % — un virage à 180 degrés. Ça a changé ma vie de tant de façons. Ça m'a ouvert des perspectives. Ça m'a donné la liberté. Ça m'a donné une famille d'amis proches avec lesquels j'ai grandi. J'y ai appris à jouer la comédie. J'y ai tout appris des relations humaines. J'y ai tout appris sur tout. **Ça a radicalement changé ma vie.** Ce furent des années importantes pour nous tous et ces années-là, on les a traversées ensemble. C'était une expérience étonnante à partager avec des gens qui étaient effectivement devenus des amis.

XXL : Dans « Ce qui aurait pu se passer — deuxième partie », Monica prépare un plat d'enfer et, comme on peut le voir, elle n'en perd pas une miette.

La première fois que beaucoup d'entre nous t'ont vue, c'était quand tu dansais avec une idole — Bruce Springsteen — dans son clip « Dancing in the Dark ». Tant d'années plus tard, quel effet cela fait-il d'être devenue toi-même une idole ?

C'est étrange. Pour être franche, je n'y ai jamais réfléchi. Je n'ai pas le sentiment d'être une idole comme Bruce Springsteen. Pour moi, il est encore une idole et moi, je suis Courteney Cox.

pendant dix ans

Inédit : Courteney révise ses répliques sur le décor de « Celui qui allait à la Barbade — deuxième partie ». D'après son mari, David Arquette, « Courteney a une telle sensibilité qu'elle ne peut être feinte. C'est tout ce qu'on peut souhaiter à un acteur — d'être authentique, et elle, elle l'est à fond. Elle a aussi un côté coquin et un sens de l'humour dévastateur. »

Nuits d'insomnie : Dans « Celui qui rêvait de la princesse Leia », Monica n'a pas fermé l'œil depuis sa rupture avec Richard lors de la saison précédente. Son amie Phoebe essaie de l'entraîner sur la voie du bonheur.

SAISON TROIS

DANS LA SAISON TROIS, ça rebondit...

Ross et Rachel rompent dans « Celui qui vivait mal la rupture », tandis que la série continue sur sa lancée.

« Quand je pense à la Saison Trois, c'est la rupture de Rachel et de Ross qui me vient à l'esprit, déclare David Crane. Cet épisode était charnière. Ce fut une saison pleine d'émotions. »

Friends était désormais une institution et les meilleurs épisodes de la troisième saison — dont « Celui qui rêvait de la princesse Leia », « Celui qui se souvient », « Celui qui vivait mal la rupture », « Celui qui a survécu au lendemain », « Celui qui s'énervait » et « Celui qui allait à la plage » — montrent bien pourquoi. Avec le temps, *Friends* explorait de plus en plus profondément les problèmes affectifs. C'était évident à travers le désir d'enfant de Monica dans « Celui qui avait la technique du câlin » ou l'émouvant sentiment de perte de Ross quand Rachel s'aperçoit qu'il a couché avec Chloé, la fille de la photocopieuse, dans « Celui qui a survécu au lendemain », un épisode remarquable coécrit par les créateurs de la série, Kauffman et Crane. « J'aime vraiment ces épisodes, affirme Kauffman à propos de la séparation de Ross et de Rachel. Ça me plaît que nous ayons toujours tenté d'être des deux côtés, pour qu'on comprenne les deux points de vue. On peut avoir des affinités avec l'un ou l'autre, mais on se rend compte qu'il y a deux points de vue. C'est comme dans la vie. »

En définitive, ces épisodes ont approfondi *Friends* — on voyait la bande mûrir sous nos yeux. Et dans « Celui qui se souvient », on a un aperçu du passé des personnages. On recule dans le temps en riant. « Le public adore voir le passé des *Friends*. On a envie de connaître l'ancien nez de Rachel et de voir Monica grosse, dit Kevin Bright. C'était vraiment un épisode repère. Chaque fois qu'on a vu les personnages tels qu'ils étaient auparavant, ça a toujours bien marché. » Par-dessus tout, dit Kevin Bright, la troisième saison était « une saison de rebond. Nous étions enfin capables de dire : Oublions tout ce qui vient nous distraire de l'extérieur pour nous concentrer sur la série. »

La bande mûrissait, sur scène et dans la vraie vie. Ce n'était pas toujours facile ni même amusant. Il y a eu bien des accidents, parfois graves, comme lorsque Matt LeBlanc s'est démis l'épaule en sautant sur un canapé pendant le tournage de « Celui qui avait la technique du câlin ». L'épisode de la soirée fut annulé, le public renvoyé chez lui et LeBlanc emmené à l'hôpital où on l'a plâtré. Une soirée inoubliable sur le plateau de *Friends* — « même si, en vérité, je ne verrais aucun inconvénient à l'oublier », dit Matt LeBlanc en riant. Cet accident a fait une grosse impression sur les copains de Matt. « L'épaule de Matt s'est comme détachée de son corps — je n'oublierai jamais ça, raconte Jennifer Aniston. C'était la troisième année de la série et il me semble que ça s'est passé il y a une minute. »

Durant cette saison, Matthew Perry s'est également fait du mal, mais d'une façon plus lente et nettement plus angoissante. « Je touchais le fond, se souvient Matthew Perry. Je n'avais jamais été aussi accro. Mais la série a continué quand même — avec moi et parfois malgré moi. »

Pourtant, Matthew Perry se souvient de quelques bons moments. Dans « Celui qui avait un poussin », Chandler et Joey s'amusent en compagnie de leurs animaux familiers, peu traditionnels. « La chose qui me vient à l'esprit, c'est les canards caqueteurs, raconte Matthew Perry. Ces deux femmes obligées de passer leur temps à nettoyer de la fiente de canard. J'ai toujours ressenti beaucoup de sympathie pour elles. C'est ça, le monde du spectacle ! »

Un public captivé : Dans « Celui qui a survécu au lendemain », les quatre compères assistent, l'oreille rivée à la porte, à la rupture de Ross et de Rachel — celle-ci vient juste de découvrir que Ross a couché avec Chloé, la fille de la photocopieuse.

Action de commando : Dans « Celui qui a du mal à se préparer », Joey enfile tous les vêtements de Chandler par vengeance et se demande s'il risque d'attraper des petites bêtes. Il prévient Chandler qu'il doit s'abstenir de tout mouvement brusque pour éviter de suer.

Ça décolle : La bande s'échine à relever du sol l'unité diversifiée de rangement dans « Celui qui bricolait ».

Câlin poisseux : David Arquette — le futur mari de Courteney Cox — apparaît dans « Celui qui avait la technique du câlin ». Quand on lui a demandé quel acteur l'avait le plus impressionné, Arquette a répondu : « Laissez-moi réfléchir… hum… Courteney. Mais toutes mes scènes étaient avec Lisa et elle était vraiment géniale. »

Sur du velours : Isabella Rossellini au Central Perk dans « Celui qui bricolait », où elle joue son propre rôle. La fille d'Ingrid Bergman raconte : « J'étais très honorée de participer à quelque chose d'aussi populaire que *Friends*. En Amérique, cela m'a vraiment donné un statut de star. Après, on m'arrêtait dans la rue autant pour me parler de *Friends* que de ma mère. »

plus d'une fois !

Mêlée de Friends : Ross et Chandler se retrouvent coincés avec Rachel dans leur équipe dans « Celui pour qui le foot, c'est pas le pied ».

Un beau duo : Lisa Kudrow et David Crane ensemble à la Warner. « Le génie de Lisa, c'est qu'elle est capable de rendre crédibles les situations les plus invraisemblables », explique David Crane.

Photocopillage : Dans « Celui qui vivait mal la rupture », Ross bénéficie d'une prestation un peu trop personnelle de la part de Chloé, la fille de la photocopieuse, après que Rachel lui a annoncé qu'elle avait besoin de faire une pause dans leur relation. Angela Featherstone, qui joue le rôle de Chloé, se souvient de son passage sur le plateau de *Friends* : « J'ai vécu une expérience merveilleuse en travaillant avec des acteurs fabuleux. »

Sous le signe de la virilité : Dans « Celui qui se souvient », les nouveaux colocataires Joey et Chandler s'offrent une bière devant un épisode d'*Alerte à Malibu* — une première pour Chandler, qui n'avait jamais regardé cette série.

Palette de comiques : Billy Crystal et Robin Williams font leur numéro au début de « Celui qui voulait être ultime champion ». « Robin et moi-même étions comme deux oncles rigolos qui se promènent sur le plateau, raconte Crystal. Nous avons adoré l'énergie qui s'en dégage, et on aurait trouvé drôle de continuer. D'autant que John, le père de Matthew, qui devait à l'origine jouer dans *Soap*, avait été remplacé à la dernière minute. Donc, travailler avec son fils, ça a vraiment été un grand plaisir pour moi. J'ai adoré les acteurs ; Lisa allait jouer ma femme dans les *Mafia Blues* ; ils étaient tous bien beaux comme il faut et je suis navré que cela soit fini. J'aurais adoré renouveler l'expérience. »

Parle à ma tête, mes fesses sont malades : Les marques inhabituelles sur la fesse de Ross passionnent l'ensemble du personnel de l'hôpital dans « Celui qui avait un truc dans le dos ».

À nos amours ! : Dans « Celui qui avait un tee-shirt trop petit », Joey rencontre Kate, sa nouvelle partenaire de théâtre et son nouveau béguin. Dina Meyer, qui joue le rôle de la très attirante Kate, raconte : « Je devais embrasser Joey. Est-il besoin d'en dire plus ? »

Ginger, la petite faiblesse qui vous perdra : Dans « Celui que les prothèses ne gênaient pas », Chandler finit par accepter l'idée que Ginger ait une fausse jambe, quand elle apprend à son grand dégoût qu'il est affublé d'un troisième téton. « Ça a été un tournage merveilleusement agréable et chaleureux, raconte Sherilyn Fenn. Je ne pense pas rejouer la fille à la prothèse, mais je le regrette ! »

Jouer avec le feu : Dans « Celui qui vivait mal la rupture », Ross déclenche un incendie au bureau de Rachel, au cours d'un pique-nique pas vraiment bienvenu. Pour David Schwimmer, « cette série m'a permis de toucher à tous les aspects de la comédie ».

lisa

KUDROW

Interview d'adieu à F·R·I·E·N·D·S

« Lisa a l'esprit incroyablement vif, dit David Schwimmer. Je pense qu'elle ne sait pas d'où lui viennent ses talents comiques. On ne voit rien arriver. Sans qu'on comprenne d'où ça sort, elle se lance brusquement dans quelque chose qu'elle n'avait pas fait pendant la répétition. Lorsque la caméra tourne, on dirait que l'inspiration jaillit d'elle. **Elle est époustouflante.** »

Décris-nous ta vie d'avant *Friends*.

Phoebe était là, tout entière

Il y avait une vie avant *Friends* ? Laisse-moi réfléchir. Ah, je faisais *Mad About You*. J'ai raconté que j'avais passé une audition pour un pilote et Paul Reiser a demandé : « C'est quoi ? » Je lui ai parlé de la série. Je me souviens qu'il a dit : « Six personnes assises sur un canapé — comment ça peut faire une série ? »

Alors Reiser n'était pas furieux contre toi à l'idée que tu fasses une autre comédie ?

Non, Paul était quelqu'un de très drôle et il m'a toujours beaucoup soutenue. J'ai considéré cela comme une plaisanterie et une façon amusante de me dire « Alors, il y a de la compétition dans l'air ? ».

D'après toi, à quel point Phoebe existait-elle déjà quand tu as lu pour la première fois le scénario du pilote de *Friends* ?

Oh, **elle était là tout entière.**. Il y a un monologue dans le pilote où elle raconte très tranquillement comment sa mère s'est tuée, comment son beau-père est allé en prison, alors c'était pas drôle. Elle vivait dans une voiture et son petit ami était complètement junkie. Et je me suis dit : « La seule façon pour que ça fonctionne, c'est qu'elle, elle soit d'accord avec tout ça. C'est ça qui rend Phoebe tellement drôle. » Donc, à mon avis, Phoebe était déjà contenue tout entière dans le premier épisode. Complètement définie — **c'est incroyable la façon dont les mots lui sortent de la bouche** comme si de rien n'était. Pas de quoi en faire un plat — c'est un truc qui est arrivé, et voilà. À sa façon, **elle a beaucoup de perspectives, cette Phoebe.**

À vot' bon cœur, m'sieurs dames : Phoebe chante dans le métro, dans une scène coupée du pilote, mais disponible sur le DVD. Une mélopée aux saveurs d'immortalité : « Ton amour est comme un pigeon géant qui défèque sur mon cœur. » Pour Ted Cohen, producteur exécutif, « Phoebe sonne juste, elle est simple et entière, c'est un personnage comme on n'en a jamais vu, et Lisa a un humour tellement déglingué qu'elle rend marrantes des répliques qui n'étaient pas censées l'être. »

NOTARY
SERVICES

La vengeance est une chanson qui se chante faux : Phoebe chante « Je m' suis fait avoir par une garce. Va t' faire voir. Va t' faire voir », après que Leslie, son ancienne partenaire, a vendu « Tu pues le chat » pour une publicité de litière pour chat, dans « Celui que les prothèses ne gênaient pas ».

Regard amical, mais connaisseur : Dans « Celui qui tombe des nues », Phoebe est à la fois touchée et offensée d'apprendre que Joey a craqué sur son corps lors de leur première rencontre.

Il n'y a pas si longtemps, nous avons appris que Phoebe a agressé Ross avant qu'ils ne deviennent amis. Son passé pourrait-il se révéler encore beaucoup plus noir ?

J'espère que non. Il l'est déjà suffisamment. Mais **je crois qu'elle appartient à ce genre de personnes qui se réinventent tous les jours.** Peu importe ce qui s'est passé avant. Elle n'a plus rien d'une violente à présent. Elle ne vit plus dans la rue. Où qu'elle soit — et quoi qu'elle fasse —, elle le vit toujours à fond. Et le lendemain, la donne est radicalement changée. Je crois que c'est ce qui rend sa vision du monde si intéressante.

Passé planqué : Lisa Kudrow et David Schwimmer rient entre deux scènes, sur le tournage de « Celui qui se faisait agresser » — l'épisode dans lequel le passé criminel de Phoebe surgit au grand jour, après qu'un de ses anciens compères a tenté de les agresser.

Cela t'a-t-il beaucoup aidée de partager cette *Friends*mania avec cinq autres personnes, chacun bénéficiant de la même place, aussi démente que privilégiée ?

Cela m'a aidée à bien des égards. **D'abord, chacun de nous avait les autres.** Tout ce qui se passait, on pouvait les en faire profiter. Nous avons partagé cette expérience — le bon comme le mauvais — mais nous avons toujours gardé un œil les uns sur les autres, pour que personne n'ait la grosse tête. Ça, chacun de nous s'y est attelé à des moments différents. Au début, Courteney disait : « Il faut qu'on s'aide à rendre tout ça le plus drôle possible. On est tous drôles, alors si quelqu'un voit une façon d'améliorer mon jeu dans ce sens, dites-le-moi et j'en ferai autant pour vous. » **Elle nous rappelait que nous devions fonctionner ensemble.** C'était fondamental parce qu'elle était la plus grosse vedette et la plus célèbre du groupe quand on a démarré. Sinon les gens auraient regardé la série avec Courteney comme pivot et nous, les dingues autour. Elle a vraiment mis les points sur les i pour dire non, on est un groupe. Et cela signifiait qu'on devait tous collaborer pour rendre ça le plus amusant possible et garder l'esprit ouvert vis-à-vis des suggestions des autres. C'était important. Quand on en est venus à nos célèbres négociations unies, là, c'était David Schwimmer. Il a été le premier à affirmer la vérité — un ou deux d'entre nous pouvaient obtenir davantage que les autres mais il fallait qu'on touche tous le même cachet pour éviter toute rancœur. Ça s'est révélé important également.

Quel effet vous a fait, à tous, le phénomène de saturation des médias au démarrage de la deuxième saison ?

C'était très instructif. Jennifer a bien assuré sur ce coup, c'est d'elle dont je me souviens quand la Warner nous a demandé de tourner la pub pour le Coca Light. Elle a dit : « Ça va trop loin. On fait déjà trop de couvertures et là on va vraiment trop loin. » On aurait dû l'écouter. Mais on ne l'a pas fait. N'empêche, Jennifer avait conscience que c'était trop.

soutenait tous

« ... la sensibilité comique de chacun s'accorde bien à celle des autres. »

continuait

À force de nous voir partout, les gens en avaient assez. Elle avait raison. Le mieux est parfois l'ennemi du bien. Mais nous avons continué comme si de rien n'était. Nous avons simplement adopté un profil un peu plus bas. Faisons notre travail, et voilà. Concentrons-nous sur la série. Les gens continuent à nous regarder et ils nous aiment toujours. C'était vraiment la presse qui cherchait quelque chose à se mettre sous la dent. Il n'y avait qu'eux qui paraissaient nous en vouloir. La leçon à tirer, c'est de laisser les médias suivre leur pente. En essayant de ne pas se laisser entamer. **Garder le cap. Accomplir son travail.** Se concentrer sans être distraits par ce qui se passe ailleurs, dans les médias. C'est la seule manière d'être gagnant.

La partie n'est pas tout à fait finie, mais on peut déjà dire que vous avez décroché le gros lot, les gars.

Avec tout ce phénomène *Friends* — les contrecoups, le succès et puis les problèmes personnels qui ont surgi, comme ceux de Matthew —, c'est vraiment étonnant que la série ait résisté. Et toujours avec la même qualité. Bien sûr, il y a eu des hauts et des bas, mais rien que le fait qu'elle ait continué, **c'est incroyable.**

Tu as fait quelques bons films avec des scénarios forts comme *Sexe et autres complications*, *Mafia Blues* et *Romy et Michele, dix ans après*, mais qu'est-ce qui te plaît particulièrement dans l'écriture de *Friends* ?

Ce sont les gens qui écrivent la série, un groupe étonnant mené par David Crane et Marta Kauffman. **Je suis persuadée que personne ne se rend compte à quel point c'est difficile de rédiger un épisode de *Friends*.** Il y a six personnages principaux. Généralement, trois histoires se déroulent par semaine et, à la rediffusion, on se rend compte qu'au moins l'une d'entre elles a des conséquences pour la suite.

D'une pierre deux coups : Dans « Celui qui était prof et élève », Phoebe frappe Joey au nez, et dans la confusion qui s'ensuit, ne réalise pas qu'elle accepte par erreur la livraison d'un lit en forme de voiture de course.

L'annonciation : Dans « Celui qui posait une question embarrassante », Phoebe apprend au groupe qu'elle va porter l'enfant de Frank Jr et d'Alice. Réaction de Joey : « Tu penses vraiment avoir une relation avec ton frère ? » ; explications de Phoebe : « Oh, mais ça va pas, bien sûr que non ! En fait, ils veulent seulement que je me substitue à eux. Ce sera son ovule à elle et son sperme à lui. Moi, je ne suis que le four et le gâteau leur appartient. »

C'est chaud ! : En apprenant la relation cachée de Chandler et de Monica, Phoebe décide de se venger en faisant du rentre-dedans à Chandler dans « Celui qui découvre tout ».

C'est une tâche colossale à réaliser en une demi-heure et les gens extérieurs à la série n'en ont jamais mesuré l'ampleur.

C'est un véritable numéro de jongleurs.

Absolument. D'autant qu'avec nos emplois du temps — puisqu'ils avaient eu la générosité de nous permettre de tourner en même temps —, il fallait jongler avec la présence de chacun et adapter l'histoire. Quelle maestria ! Une telle qualité pendant autant de temps. Ils méritent beaucoup de remerciements et de reconnaissance pour avoir réussi.

Je suppose que tu es également très attachée aux acteurs de *Friends*.

Ils sont tous drôles et **la sensibilité comique de chacun** s'accorde bien à celle des autres. On s'en rend vraiment compte quand on prend du recul en travaillant sur autre chose. La différence est notable. Là, nous nous sommes comme moulés les uns dans les autres, la force comique des uns complétant celle des autres. C'est vraiment amusant à voir. Par exemple, plus Monica est déjantée, plus Courteney s'adapte et nous fait plier de rire. Plus Joey montre son côté sensible et féminin, plus Matt pousse le personnage. C'est ce qui le rend d'ailleurs si intéressant, ce personnage.

Au fil des années, Joey est devenu un personnage avec beaucoup de cœur.

Beaucoup de cœur, oui, et j'aime aussi son indéfectible amitié pour Chandler et ses potes. Il sait exactement qui il est et ça ne le dérange pas d'embrasser ses amis garçons ni de montrer son émotion, une émotion sincère.

Chandler et Joey – une histoire d'amour bien de notre époque ?

C'est vrai, c'est bien une histoire d'amour d'aujourd'hui. Cette relation d'amitié entre deux garçons est très authentique. Ils sont très liés, et c'est une des choses que j'adore dans la série. J'aime aussi la relation Monica-Chandler parce que personne ne régente personne.

Ambiguïté en toc : Dans « Celui qui découvre tout », Phoebe fait croire à Chandler qu'après avoir tâté ses biceps elle est d'autant plus impatiente d'aller à leur « rendez-vous ». « J'adore le côté concupiscent de Phoebe », dit Lisa Kudrow.

Dialogue de bêtes : Phoebe gronde la poule qui a interrompu le canard dans « Celui qui riait différemment ».

« Sa vie amoureuse correspond à ce qu'elle est. »

Distance professionnelle de rigueur : Dans « Celui qui apprenait à danser », Phoebe découvre que le client qu'elle vient d'embrasser (joué par Jason Brooks) est marié. Brooks évoque ainsi ce passage mémorable : « Phoebe est une bonne masseuse — toute personne qui me mord les fesses est une personne cool. » Et il ajoute : « Lisa Kudrow est super. Tout le monde sait qu'il s'agit d'une comédienne talentueuse, mais elle est également adorable. Évidemment, quand j'étais là, ils étaient tous payés deux dollars cinquante. »

s'adapter les uns aux autres

Ils sont tous les deux forts et ils s'en accommodent de façon amusante. Ils ne se laissent pas submerger par leurs querelles parce que leur relation fonctionne. C'est exactement ce qu'on a envie de voir. Que le couple s'en sorte toujours. C'est bien ça qu'on ressent avec Monica et Chandler.

Quant à ton rôle, de quoi es-tu le plus fière dans la série ?

Ce dont je suis fière, c'est de la petite contribution que j'ai apportée à la série en étant un des six héros. Je n'ai fait aucun exploit parce que je ne suis pas l'auteur. Je n'ai pas inventé ces histoires. J'ai apporté ma petite contribution d'actrice au sein d'une équipe qui fonctionnait vraiment bien.

Faire une virée à deux : Phoebe joue au jeu des Vingt Questions avec Joey, qui lui a garanti un voyage marrant, dans « Celui qui était à Las Vegas – première partie ».

Un dernier coup de peigne : Sur le plateau de « Celui qui était à Las Vegas – deuxième partie », Edward St George (coiffeur) et Robin Siegel (maquilleuse) achèvent de préparer Lisa Kudrow, tandis que Jolie Whitesell, la scripte, parcourt les répliques de Lisa.

Pourquoi crois-tu qu'il y a eu un retour vers *Friends* dans le sillage du 11 septembre ?

Ce n'est qu'une série télé mais je crois que c'était bien de laisser les gens s'échapper et se distraire. Se détendre pendant une demi-heure dans un New York antérieur au 11 septembre, je pense que c'était très réconfortant.

Accoucher pour de faux, c'est comment par rapport à la réalité ?

J'avais accouché trois ou quatre mois avant de tourner « Celui qui a failli rater l'accouchement ». Je me souviens que le scénario était bavard et qu'on avait ajouté des bruits pour faire comprendre que c'était un accouchement. Mais moi, à la naissance de mon fils, tout était silencieux. Personne ne parlait. L'expérience était trop impressionnante.

Comment décrirais-tu la vie sentimentale de Phoebe ? Avant les deux dernières saisons, sa vie amoureuse paraissait pour le moins éclectique.

Sa vie amoureuse correspond parfaitement à ce qu'elle est. Il lui arrive des choses énormes et elle les met de côté. Je ne sais pas comment elle s'en dépatouille. Elle traite les relations amoureuses de la même manière. Elle croit qu'elle s'investit vraiment, en allant au fond de l'histoire, mais quelque part, ça ne marche pas tout à fait parce qu'elle a trop d'autres choses en tête qu'elle n'a pas encore réglées.

Pourtant Pheebs – si je puis me permettre de l'appeler ainsi – semble avoir trouvé une certaine stabilité dans la relation avec le Mike de Paul Rudd.

Il était temps, non ? Marta et David ont parfaitement réussi au fil du temps à rendre Phoebe plus forte, plus mûre, un peu plus loufoque et un peu plus vraie.

La dure loi du marché : Revenue du monde de la Bourse, Phoebe chante ses deux crises cardiaques après avoir quitté l'hôpital dans « Ce qui aurait pu se passer – deuxième partie ».

Jamais sans mon chewing-gum : Phoebe à la recherche d'un chewing-gum au fond de son sac, dans « Celui qui sortait avec la sœur ».

C'est l'évolution normale de quelqu'un qui affronte lentement la réalité, bout par bout, saison après saison. Je crois que Paul – ou plutôt Mike – représente une partie importante de cette évolution. Personnellement, **je suis très heureuse que Phoebe ait trouvé un type stable, normal.** Ça peut paraître étrange, mais ça me fait vraiment plaisir.

Friends a toujours eu une vision particulièrement ouverte et, à mon avis, très saine de la sexualité. Tu es d'accord ?

Je pense que c'est sexuellement ouvert. Le seul problème, c'est que ça passe trop tôt, mais ça ne relève pas de mes compétences. Je n'ai jamais pensé que *Friends* était une série pour le début de soirée. Avec certains épisodes, je suis encore choquée quand une petite fille de 7 ans vient me dire : « J'adore ta série. » Je me dis « mais pourquoi l'a-t-elle regardée ? ». Parce que c'est programmé de bonne heure.

Phoebe Buffay a été une vraie pionnière pour les rockeuses. Considères-tu que sa place dans l'histoire du rock a été malheureusement oubliée ?

Faire ce truc, c'était amusant – jouer avec Chrissie Hynde, c'était cool. Le problème, c'est que je n'aurais pas pu devenir une rock star parce que je n'ai jamais voulu apprendre la guitare pour de bon. Je ne sais pas si c'est une des raisons pour lesquelles la musique a été mise de côté, mais je suppose que ça n'a pas aidé.

Comment suggères-tu que les fans de *Friends* occupent maintenant leurs soirées ?

Ouh là ! N'y a-t-il pas d'autres séries ? Je continue à regarder *Will & Grace*. Il y en a d'autres. Et cette réalisation de *Joey* – je vais la regarder.

Il y a combien de temps que tu n'as plus gambadé dans une fontaine avec les *Friends* ?

Révélations : Dans « Celui qui se faisait agresser », Phoebe avoue à Ross qu'elle lui a autrefois volé une bande dessinée : « Mais en fait, si tu y réfléchis, c'est assez génial. Vous autres, vous vous connaissiez tous quand vous étiez gamins et grâce à ça, aujourd'hui, toi et moi, on a autant d'affinités. »

Chômage technique : Dans « Celui qui oublie un bébé dans le bus », Phoebe est remplacée par une professionnelle au Central Perk. « Depuis je n'ai jamais chanté en public sans que quelqu'un me réclame "Tu pues le chat", raconte Chrissie Hynde, des Pretenders. J'aurai plus marqué les esprits avec cette chanson qu'avec n'importe laquelle du groupe. »

Massages à la chaîne : Phoebe s'est fait secrètement embaucher dans une chaîne de salons de massage dans « Celui qui faisait un test de fécondité ». Debra Azar, qui jouait la réceptionniste, se souvient que « avec Lisa, je me suis sentie bien dès notre premier jour de travail. C'est une actrice étonnante, avec un don comique fabuleux. Elle donne la pêche à tous ceux qui ont la chance de travailler avec elle. »

PHOEBE

« … elle est de ces gens qui se réinventent tous les jours. »

Proposition décente : David, joué par Hank Azaria, est sur le point de faire sa demande en mariage, à sa manière si particulière et si « à rallonge ». Selon Lisa Kudrow, « Hank fait partie de ces gens qui sont "wouah !". S'il est là, on peut être sûr que la scène sera bonne. J'ai beaucoup d'estime pour lui. Il est adorable et très drôle, et j'ai toujours adoré le couple Phoebe-David ». Quand il évoque son expérience, Hank Azaria déclare que « Disneyland et le plateau de *Friends* sont les deux endroits les plus réjouissants de la terre ».

on a tous fêté ça

Quelques années. On a recommencé il n'y a pas si longtemps.

Était-ce aussi amusant que la première fois ?

Oui, c'était aussi bidonnant. On s'est vraiment bien marrés parce que Matthew Perry n'arrêtait pas de faire des blagues sur le temps que ça prenait. Il disait : « Je ne me souviens pas avoir été autrement que mouillé » ou « Aussi loin que je m'en souvienne, j'ai toujours eu froid ». **Qu'est-ce qu'on a ri ! C'était ça qu'ils tournaient – nous en train de rire de Matthew qui, lui, plaisantait de l'inconfort de notre situation.**

En 1998, tu as remporté ton propre Emmy pour le rôle le plus frappant dans une série comique, mais qu'as-tu ressenti lorsque *Friends* a gagné l'Emmy de la Meilleure Comédie en 2002 ?

Ça faisait drôlement plaisir. Surtout pour les producteurs, nos scénaristes, qui n'avaient pas encore

Mieux vaut tard que jamais : Toujours à l'écoute de l'enfant qui est en elle, Phoebe enfourche le vélo à petites roues qu'elle n'a jamais eu dans « Celui qui offrait un vélo ».

Une proposition très honnête : Mike décide finalement de demander Phoebe en mariage dans « Celui qui écrivait une lettre de recommandation ». Selon Paul Rudd, qui joue le rôle de Mike, « Lisa est vraiment une très grande actrice. On me reconnaît davantage pour avoir joué son amoureux que pour tout ce que j'ai fait d'autre. "Hé, Clueless !" a été remplacé par "Hé, le copain de Phoebe !". C'est vraiment une réussite à l'américaine. »

qu'on termine sur

bénéficié de la reconnaissance qu'ils méritaient. Que la série gagne, c'était agréable et on a tous fêté ça. Une bonne chose.

Comment voudrais-tu voir *Friends* s'achever ?

Je voudrais que la fin ne soit pas triste, personnellement, je voudrais qu'on termine sur une note d'espoir. On a beaucoup regardé ces gens, on les a beaucoup aimés et on espère bien que l'avenir leur sera favorable. Je voudrais que la série s'achève en donnant cette impression. **J'aime l'idée que tout va continuer comme avant, sauf que ce sera davantage dans l'intimité.**

Quelle est l'heure la plus tardive – ou la plus matinale – d'un tournage nocturne de *Friends* ?

Vers deux heures du matin.

C'est difficile d'être drôle à une heure pareille ?

C'est difficile, mais c'est le boulot – on est en train de jouer. Le reste ne compte pas. **Quand on est enrhumé, on parle moins du nez quand on joue parce que le personnage n'est pas malade.** Physiologie bizarre, mais indéniable.

Faire partie de l'histoire de *Friends*, qu'est-ce que cela a signifié pour toi ?

C'est sans doute quelque chose que je comprendrai mieux quand tout sera fini parce que je ne suis pas douée pour analyser les choses au moment où je les vis. D'ici un an peut-être, je saurai répondre.

D'ici là, peux-tu quand même me donner une réponse superficielle ?

D'accord. Superficiellement, c'est vraiment sympa d'avoir participé à cette série qui a connu un succès sans précédent depuis son démarrage.

Quand as-tu compris pour la première fois que tu étais partie prenante d'un tel succès ?

J'ai pris conscience de l'ampleur du phénomène *Friends* en allant sur le Net et en voyant tous ces *chats* remplis de gens qui discutaient de la série. C'était lors de notre première saison et après, pendant l'été ; je me suis dit que ça signifiait quelque chose. **Cette success-story n'était pas le fait des critiques mais des téléspectateurs.**

Et que penses-tu de ceux qui n'ont jamais lâché la série, des fans qui ont toujours suivi ? Ceux qui probablement lisent ce livre.

Leur soutien est au-delà de tout remerciement. Je rends hommage à leur indépendance d'esprit. Les vrais fans de *Friends* ne s'intéressent pas à tout ce qui s'écrit sur la série. Ils s'en fichent de ce qui est à la mode dans la culture populaire. Ils aiment la série et ils continueront à la regarder. Et ça, c'est inestimable.

L'amour est une chose précieuse : Phoebe envenime les choses malgré elle avec Précieuse, la petite amie de Mike, dans « Celui qui n'arrivait pas à se confier ». Anne Dudek, qui joue Précieuse, raconte : « C'était d'autant plus drôle que j'ai toujours été celle qu'on laisse tomber. »

une note d'espoir

Sur son trente-et-un : Lisa Kudrow sur le plateau de « Celui qui a épousé Monica – deuxième partie ».

– Ma mère était tellement occupée à organiser son suicide qu'elle a oublié d'acheter des caramels à l'eau salée.

PHOEBE, DANS « CELUI QUI VISIONNAIT LA VIDÉO DE L'ACCOUCHEMENT ».

RÉPLIQUES CULTES

Monica :
– Tu ne peux pas vivre aux crochets de tes parents toute ta vie.
Rachel :
– Mais ça, je le sais. C'est pour ça que j'ai voulu me marier.

Un grand moment dans « Celui qui déménage ».

– À chaque fois que je vois une fille avec des bas résilles, ça me rappelle mon père.

Chandler pensant à son cher vieux papa dans « Celui qui avait une nouvelle copine ».

Rachel :
– J'arrive pas à croire que l'un d'entre nous ait réussi à faire ça.
Chandler :
– C'est évident, on a tous perdu la recette.

Rachel, très impressionnée par le tout jeune Ben, dans « Celui qui a failli rater l'accouchement ».

– Bonjour, je m'appelle Phoebe Buffay et il va y avoir des bébés qui vont sortir de moi.

À l'hôpital, Phoebe explique son cas dans « Celui qui a des triplés ».

– Ne jamais embrasser la mère d'un ami. Les sœurs, d'accord. Parfois même une tante un peu chaude. Mais pas une mère, bon sang, jamais une mère !

Joey édicte un code de bonne conduite dans « Celui qui était comme tous les autres. »

– J'avais établi un programme à mi-chemin entre la négation de tout et le pipi au lit tous les soirs.

Chandler raconte à Rachel comment il a vécu le divorce de ses parents, dans « Celui qui faisait le lien ».

– On a des jumeaux ! C'est tellement excitant ! Je vais pouvoir contrôler deux vies supplémentaires !

Monica exulte à l'arrivée de ses bébés dans « Le dernier – première partie ».

– Ce n'est pas parce que tu as échangé de la salive avec ma mère que tu peux dire que tu la connais.

Chandler reproche à Ross d'avoir embrassé sa mère dans « Celui qui était comme tous les autres ».

– On n'est pas un couple. On est simplement le résultat d'une super gueule de bois.

Rachel crache sur son mariage plus qu'arrosé, dans « Celui qui revenait de Las Vegas ».

– J'ai l'impression qu'hier encore je vous parlais dans l'éprouvette.

Phoebe accueille ses triplés dans « Celui qui a des triplés ».

sur la famille

SAISON QUATRE

Excuse me Sir : Matthew Perry et Matt LeBlanc dans le rôle des parfaits touristes américains, à savoir Chandler et Joey, pendant le tournage de « Celui qui se marie ».

QUE PEUT-ON DIRE

de *Friends* qui commence par « Celui qui soignait les piqûres de méduse » – épisode où Chandler pisse sur Monica pour la soulager de la piqûre de ladite méduse –

et se termine par « Celui qui se marie – première et deuxième parties » dans lequel on apprend que le même couple s'est retrouvé au lit en Angleterre ? Eh bien, voilà ce qu'on peut en dire : la Saison Quatre est une des plus réussies de toutes.

Il se passe tant de choses différentes sur tant de fronts. Par exemple, c'est la saison où l'on voit Phoebe commencer à jouer les mères porteuses pour son demi-frère, Frank Jr, et sa femme Alice, dès l'épisode « Celui qui posait une question embarrassante ». « J'aime particulièrement cet épisode parce que c'est là que démarre toute cette histoire des maternités de Phoebe, déclare Marta Kauffman. Ce qui me plaisait surtout, c'est que personne n'avait encore jamais rien fait de tel. En plus, c'était un moyen formidable pour utiliser la grossesse réelle de Lisa. C'était une idée radicalement nouvelle et chaque fois que nous allions dans le sens de la nouveauté nous étions contents. »

« Que Phoebe prenne cette responsabilité, c'était bien pour le personnage, dit David Crane. Cela a donné une nouvelle réalité à Phoebe, un côté intéressant. Lisa est toujours géniale, mais là, même nous, elle a réussi à nous surprendre. »

L'épisode que Kevin Bright préfère dans la Saison Quatre, c'est un des grands classiques de la série – « Celui qui gagnait les paris » –, qu'il a réalisé. « Giovanni Ribisi et Debra Jo Rupp étaient des invités formidables. Giovanni était le top d'une série que nous avions appelée *Family Album* – c'est là que nous l'avons rencontré pour la première fois. Et Liza était étonnante, elle apportait tant de cœur à cette histoire. »

Il y avait également une rivalité amoureuse mémorable entre Chandler et Joey pour s'attirer les faveurs d'une femme, Kathy, délicieusement interprétée par Paget Brewster. Pour avoir commis le crime de convoiter sa colocataire, Chandler est dûment condamné et puni dans « Celui qui était dans la caisse ». Parmi les autres épisodes savoureux de cette Saison Quatre, il y a « Celui qui fréquentait une souillon », « Celui qui avait la chaîne porno » et « Celui qui participait à une fête bidon ».

À la fin de la Saison Quatre, c'est le grand voyage en Angleterre pour célébrer le mariage imminent de Ross et d'Emily. L'occasion pour l'équipe de constater l'ampleur du succès de *Friends*. David Schwimmer s'en souvient : « Nous trois, les garçons, on a pas mal traîné. C'était une bonne période. Mais c'était la première fois que je partais à l'étranger depuis le début de la série et j'ai vraiment pris conscience que nous ne pouvions aller nulle part – en tout cas pas ensemble. Tout seul, il était toujours possible de se débrouiller. »

D'un autre côté, le marié de la série n'était pas emballé par ce virage dans l'histoire. « C'est discutable, mais il me semblait que marier Emily et Ross, c'était une erreur, explique David Schwimmer. Au départ, j'avais une idée très précise de qui était Ross. Nous étions intimes. J'ai moi-même un sens aigu de la famille, et je me disais : "Et si ça m'était arrivé – j'ai épousé ma copine de fac et un beau jour, elle a décidé de changer d'option pour devenir homo, et nous, on a fait un enfant".

D'UNE SAISON

De quoi faire voler en éclats toute ma vision du monde. Mais j'ai toujours pensé que Ross n'était pas du genre à divorcer encore une fois. J'estimais que ce n'était pas lui rendre justice. »

Effectivement, la vie conjugale de Ross et d'Emily s'avérera d'une brièveté lamentable, mais heureuse ment les nombreux triomphes de la Saison Quatre sont éternels.

Dites « Cheeeeese ! » : Courteney Cox, David Schwimmer et Helen Baxendale – qui joue Emily, la deuxième épouse de Ross – posent pour la presse britannique lors du tournage de « Celui qui se marie ».

La lettre : Dans « Celui qui soignait les piqûres de méduse », Ross affirme qu'il est d'accord avec le contenu de la très émouvante lettre de Rachel, alors — ou peut-être parce — qu'il ne l'a pas lue. Le couple se retrouve, tout du moins pour l'instant.

Canard, euh, corner ! : Joey et Chandler s'affrontent au baby-foot, lors d'une scène coupée au montage de « Celui qui soignait les piqûres de méduse ». Et non, ceci n'est pas une méduse.

La guerre des sexes : Joey et Chandler font équipe face à Rachel et Monica, afin de déterminer qui en sait le plus sur chacun des cinq autres dans « Celui qui gagnait les paris ». Jennifer Aniston précise : « J'aime beaucoup le fait que *Friends* soit une série où les hommes et les femmes communiquent entre eux. »

Coffrez-le ! : Chandler se retrouve menotté à deux reprises – la première fois à une chaise, par les bons soins de Joanna, et la seconde à un meuble de rangement grâce à Rachel. Comme le dit si bien Matthew Perry : « Un bureau peut devenir un endroit bien étrange sur le plateau de *Friends.* »

Les Trois Grâces : Phoebe décide de porter le bébé de son frère dans « Celui qui posait une question embarrassante ». Shana Goldberg-Meehan, producteur exécutif de la série, parle du rôle de Phoebe : « Dans les toutes premières saisons, elle était très fofolle. Une fois enceinte des triplés, il fallait bien qu'elle ait des sautes d'humeur et on a donc exploré son côté garce, ce qui était très drôle. »

Devant l'autel : Ross et Emily, au jour de leurs noces malheureuses, dans « Celui qui se marie – deuxième partie ».

***Friends* sur tous les continents :** Matthew Perry et Matt LeBlanc sur le plateau de « Celui qui se marie ».

Vision d'horreur : Monica, Emily et Ross sont sous le choc quand ils découvrent que la chapelle dans laquelle ces deux derniers sont sur le point de se marier est en pleine démolition, dans « Celui qui se marie ».

Un plaisir royal : Matt LeBlanc et Sarah Ferguson, duchesse d'York, sur le plateau de « Celui qui se marie ». L'expérience a rendu la duchesse dithyrambique : « Participer à *Friends* était excitant et amusant, mais aussi important pour moi car cela m'a donné une nouvelle crédibilité aux yeux de mes filles adolescentes et de leurs amis. Je suis très contente que ma filleule n'ait découvert que récemment cet épisode, que j'ai pourtant tourné il y a plusieurs années. D'un seul coup, elle m'a considérée avec un respect nouveau. À une époque où casser de la Fergie était devenu un sport national, *Friends* a été une échappatoire bienvenue. Ça sert toujours d'avoir des Friends ! » Au sujet de ses partenaires américains, elle ajoute : « Tous les acteurs étaient fantastiques et je les ai adorés. Ils ont été charmants et m'ont beaucoup aidée, moi la nouvelle venue, en m'accueillant par un "C'est Fergie !" lorsque je suis arrivée sur le plateau. Je n'oublierai jamais comment Joey m'a vissé son chapeau sur la tête. On a beaucoup ri. J'ai même réussi à sortir quelques répliques sans trop perturber le planning. »

Il n'en manque qu'une : Chandler, Rachel, Ross, Emily, Monica et Joey à Londres pour le tournage de « Celui qui se marie ».

matt

LEBLANC

Interview d'adieu à F·R·I·E·N·D·S

« Pour moi, Matt a été la surprise la plus étonnante et la plus agréable de *Friends*, dit Jennifer Aniston. Si on peut douter des talents de Joey, ceux de Matt sont évidents. Il faut être très doué pour jouer un mauvais acteur. **Aujourd'hui, quand je pense à Matt, c'est d'abord à son cœur.** Au début, il me faisait peur. Il avait un sacré regard. On se dit : "Oh, il va essayer de m'entraîner dans son lit. Je le vois venir d'ici." Et puis il s'est révélé l'homme le plus délicieux et le plus charmant du monde. »

Juste avant *Friends*, qu'est-ce qui se passait dans ta vie ?

J'étais à un carrefour. Je n'avais pas d'argent mais je ne voulais surtout pas me poser la question fatale : **« Bon, ne faut-il pas que j'aie un travail régulier ?** Je me moque de qui, là ? » J'avais gagné un peu d'argent dans des séries de la Fox – *Top of the Heap* et *Vinny and Bobby*. Des projets qui n'ont pas abouti, mais on m'a payé. J'ai fini par tout dépenser, je l'ai fait durer mais je n'avais plus de travail. Je me disais : « Qu'est-ce que je vais faire ? J'espère que quelque chose va se présenter. » On a un mal de chien à donner son max d'énergie pendant l'audition, parce qu'on a **l'impression d'être prêt à supplier après le grand discours. *Je vous en prie.***

Est-il juste d'affirmer que Joey est le personnage de *Friends* qui a le plus mûri ?

Tout à fait. Au début, mon personnage n'avait pas beaucoup de chair. Heureusement, dans la dernière série que j'avais tournée deux ans plus tôt, j'avais un personnage italien assez flou. Joey me semblait du même genre, mais ses blagues étaient plus drôles. J'avais mon idée sur la personnalité du gars, alors on s'est lancés comme ça. Et puis, c'est devenu évident que la série remportait un succès inespéré et je voulais rester dans les parages, alors **j'ai décidé de donner du corps à ce gars.** D'abord, je n'étais pas d'accord pour que les filles de la série soient amies avec Joey. Ross et Chandler avaient une relation aux filles qui justifiait cette amitié. Pas mon personnage.

pas de boulot

Potes de bracelet : Joey offre à Chandler un bracelet en or en gage d'amitié dans « Celui qui a failli aller au bal ». Joey lui demande : « Tu n'imagines pas ce que ça va apporter à ta vie sexuelle ? » Ce à quoi Chandler réplique : « Oui, ça va peut-être la freiner un peu au début, mais une fois que je me serai habitué à l'excédent de poids, je devrais retrouver mes marques. »

L'avenir t'appartient, ma fille : Joey fait rêver Rachel en lui parlant d'un poste chez Fortunata Fashion dans « Celui qui fait démissionner Rachel »

c'est comme

Qu'as-tu fait ?

Je suis allé voir Marta et David, et je leur ai dit : **Joey pourrait-il considérer ces trois filles comme ses petites sœurs ? Comme ça, il aurait envie de coucher avec toutes les filles sauf ces trois-là.** Après, on pouvait accepter qu'ils soient amis. Sinon, s'il leur tombait dessus à tout bout de champ, elles n'auraient même pas voulu lui parler. Sauf s'il avait un ticket. Tout de suite, ça a fait tilt. Ça leur a plu d'emblée. Ils étaient d'accord.

Personnellement, tu étais plutôt réservé par rapport aux femmes de la série ?

Oh oui ! J'avais eu un petit béguin pour Jen au tout début. Comme tout le monde, d'ailleurs. Et alors ? Ça n'a pas duré très longtemps parce qu'elles sont vraiment devenues des sœurs, Jen une petite, Courteney et Lisa des grandes. Avec Courteney, quand on a un problème, elle dit : « D'accord, voilà ce que nous allons faire. Allez, au travail. » **Elle te remet ta vie d'aplomb en une demi-heure.** Et toi tu dis « super, je vais venir te parler une fois par semaine jusqu'à la fin de mes jours ».

Le Gros Tout Nu n'est-il plus ? : Joey essaie de savoir si le Gros Tout Nu est endormi ou carrément mort, dans « Celui qui avait pris un coup sur la tête ».

À quoi ressemble la vie sur un plateau de *Friends* ?

Parfois, c'est comme travailler à la chaîne. Parfois, comme faire la fête. Parfois, comme se retrouver à l'école. C'est vraiment beaucoup de choses différentes à différents moments.

La première fois que tu les as rencontrés, qu'as-tu pensé de Bright Kauffman Crane ?

Je n'avais jamais vu *Dream On*. Ma première impression de Marta, c'est qu'elle avait beaucoup d'humour, parce que, lorsque je suis arrivé pour l'audition, j'avais une grosse coupure sur le nez qui datait du matin même. Voilà l'histoire : la veille au soir, je m'étais dit : « Demain audition importante pour le pilote d'une série qui s'appelle *Friends Like Us*. C'est important parce que ça passe à l'antenne et que c'est Jim Burrows le réalisateur. » Donc je suis nerveux puisque ça paraît idéal pour moi. Et mon pote me dit : « On sort — c'est ce que font les amis. »

Quelle logique imparable !

Oui, et j'ai dit : « T'as raison, allons-y. » J'étais prêt. Il fallait juste que j'oublie un peu ce qui m'attendait. J'ai fini par m'endormir sur son canapé et en me levant j'ai trébuché dans sa salle de bains et je suis tombé tête la première dans les cabinets. Je me suis abîmé le nez sur le siège. Une grosse coupure, je ne pouvais pas y croire. Alors à l'audition, Marta demande : **« Qu'est-il arrivé à votre nez ? »** C'est la première chose qu'elle m'a dite et j'ai répondu : « C'est une longue histoire et, croyez-moi, vous n'avez aucune envie que je vous la raconte. » Elle a ri et du coup l'ambiance était plutôt à la rigolade. **Toi, tu récites des blagues que, eux, ils ont écrites, donc ils vont rire.**

Quand tu repenses au pilote, qu'est-ce qui te vient à l'esprit ?

J'avais une grippe d'enfer, avec une fièvre de cheval. *C'était horrible*. Tout le monde me donnait des médicaments différents. *Je prenais tout*. J'avalais des médicaments comme un fou parce que la veille j'avais plus de 39 °C de fièvre.

faire la fête

une série

À ramasser à la petite cuillère. Mais ça a été étonnant. Je sais que ça a l'air bébête, **mais ce soir-là il s'est passé quelque chose de magique.** On était au Warner Ranch et il s'est produit quelque chose de tout à fait particulier. Le courant est passé, on était en phase. D'emblée, il y a eu un vrai effort collectif. Incroyable. On n'avait pas l'impression que c'était un pilote. Plutôt la Saison Trois, n'importe quel épisode. Tout collait.

D'après toi, le fait que tout le monde ait déjà participé à des séries, moins bonnes, ça a favorisé les choses ?

Notre compréhension mutuelle a commencé durant la répétition. Avant le tournage, pendant la semaine de répétitions, on s'est tous beaucoup investis. **Comme si on démarrait une série de mariages.** Chacun se montrait courtois à l'égard de l'autre et nous nous sommes donné un mal de chien pour parvenir à nous aimer.

Le commencement de la sagesse : Le groupe reste coi devant la philosophie dont Joey fait preuve, dans une scène coupée au montage de « Celui qui était dans la caisse ».

Tu as joué ce personnage pendant dix ans, peut-être que tu vas continuer encore dix ans. À quoi cela ressemble-t-il de grandir en même temps que Joey ?

Sans aucun doute, ça a changé ma vie. C'est étrange, ces drôles de moments intenses où l'art imite la vie, tout à fait par hasard. Joey est devenu un personnage assez particulier et moi une personne pas ordinaire. Mais la célébrité n'est pas un costume à ma mesure. Oui, c'est agréable d'avoir droit à une grande table au restaurant. C'est agréable d'aller à un concert en passant par les coulisses ou de faire un tour de piste en voiture de course. Ça, c'est génial. Mais il y a d'autres moments moins géniaux. J'habitais dans un appartement et je me disais : « Il faudrait que j'aie davantage d'intimité. Il faut que je déménage parce que les gens frappent sans arrêt chez moi. » Au supermarché, on me suivait. **On me suivait *partout*.**

Le pire des meilleurs témoins : Joey organise l'enterrement de vie de garçon de Ross, juste avant que ce dernier n'épouse Emily, dans « Celui qui était le pire témoin du monde ». La fête sera plus longue que le mariage.

Ça te plaisait au début ?

C'était génial, au début, il n'y a que des avantages à être célèbre !

Bon voyage : Joey et Chandler accueillent Emily à sa fête de départ surprise dans « Celui qui engageait une strip-teaseuse ».

de mariages

C'est impressionnant. Tout le monde voulait être ami avec moi. Et ce n'est pas comme quand on est un méchant célèbre. Quand je jouais *Perdus dans l'espace* avec Gary Oldman, c'était différent. Quand les gens le croisaient dans la rue, ils étaient un peu intimidés. **Moi, ils me sautaient dessus et ils m'embrassaient.** Le pouvoir de la télévision.

Les gens ont l'impression que tu es leur ami.

On est dans leur chambre. Dans leur salon et dans leur salle de bains. Là où est la télé, on y est. Le cinéma, c'est un événement. On s'habille, on sort, on achète du pop-corn, on fait venir une baby-sitter. Ça magnifie la vie. La télé, on est chez soi. Les fans ont l'impression d'être en relation avec nous. On fait partie de la famille. On entend ta voix dans les discussions de famille. Ils montent le son pour aller aux toilettes et ils se dévissent le cou pour regarder l'écran dans le miroir. Tous ces trucs bizarres sont liés à la télé. Avec pour résultat cette étrange relation. Voilà pourquoi les gens sentent qu'il y a un lien.

Entre vous six, il y a eu une réaction quasi chimique.

Les épisodes les plus forts, c'est quand il n'y a aucun invité ; **quand on est tous les six ensemble dans une pièce, à s'asticoter mutuellement.**

Postillons assassins : Acteurs jouant des acteurs, Matt LeBlanc et Gary Oldman échangent des jets de salive en prononçant les « p », les « t », les « b » dans « Celui qui a épousé Monica – première partie ». Pour Gary Oldman, « participer à *Friends*, c'était l'événement du siècle – encore plus fort que la Seconde Guerre mondiale ».

Le mur de la gloire : Le teinturier de Joey refuse d'afficher le portrait de ce dernier sur le mur de sa boutique dans « Celui qui se la jouait grave ».

Couverture malgré lui : Joey accepte encore de servir d'alibi à Chandler et Monica dans « Celui à qui on a piqué son sandwich ».

Voilà ce que les gens veulent voir parce que c'est direct. Aucun nouveau personnage. Rien que de la rigolade — 22 minutes de rigolade. Rien qu'avec nous six, les personnages sont déjà prégnants. On connaît déjà l'histoire. On les aime déjà. Donc, il ne s'agit que de savoir ce qu'ils vont se balancer.

Comment décrirais-tu la façon dont ce groupe travaille ?

Une véritable thérapie de groupe. Nous nous critiquons mutuellement et **chacun encourage l'autre à être le meilleur possible.** Chacun couvre l'autre. Voilà cinq personnes qui savent parfaitement de quoi je parle quand j'explique que j'ai des problèmes dans la vie. Alors que beaucoup diraient : « Oh, cause toujours, c'est ça ta maison ? De quoi tu te plains ? » Mais ce que j'ai entendu, c'est vrai : **la célébrité entraîne d'autres problèmes.**

Ça t'a fait quel effet quand tes négociations contractuelles sont devenues un sujet de débat et d'intérêt international ?

Incroyable. Encore un pan d'anonymat qui disparaît. On a disséqué le moindre bout de ma vie. Celui qui peut obtenir une augmentation — dans n'importe quel métier, quelle que soit sa tranche d'imposition — et qui la refuse est un idiot. Ce n'est donc pas la question de savoir si on la vaut, mais si on peut l'obtenir. Et si on l'a obtenue. Oui, ils l'ont eue, tant mieux pour eux. Voilà ce que moi, je dis. Simple comme bonjour. Est-ce que je vaux un million de dollars la semaine ? Non. Je ne suis pas en train de trouver un traitement pour le cancer. Je suis peut-être un bon remède contre la tristesse ou l'ennui.

Comment avez-vous réussi à rester soudés pendant ces négociations ?

Quand on a commencé, tout le monde a dit : « Ça marchera jamais. » Certains avaient déjà essayé et ça n'avait pas marché.

Ohé, du bateau ! : Joey, qui vient d'acquérir au passage un bateau de plaisance, tente d'expliquer le point de vue de Chandler sur le mariage dans « Celui qui faisait sa demande — deuxième partie ». Andrew Reich, producteur exécutif de la série, voit en Matt LeBlanc « un maître dans l'art de l'intonation et des expressions du visage ».

Mais nous avons conclu un pacte entre nous : rester soudés. « S'ils t'entreprennent derrière mon dos, préviens-moi. S'ils m'entreprennent derrière ton dos, je te préviendrai. Tout le monde est d'accord ? **Tout le monde est d'accord. »** Et ça a marché parce qu'on avait le pouvoir de faire capoter la série. Si on partait tous, il ne leur restait rien. S'ils en viraient un, les cinq autres s'en allaient. Chose promise. C'est agréable. Nous avions bien l'intention de tenir notre promesse. On est tous partis une ou deux fois.

Comme Elvis, les Friends ont effectivement quitté le navire ?

Une ou deux fois. En particulier une fois, il y a eu une grosse discussion et l'une d'entre nous était si mécontente qu'elle est partie. Et tout le monde a dit : « D'accord, on s'en va. » C'était pendant une des saisons intermédiaires. Nous sommes revenus le lendemain. Ça s'est résolu très vite.

Rétrospectivement, comment perçois-tu ce phénomène de saturation qui s'est produit après une première saison de rêve ?

C'était la quintessence de l'idée « vous soutenir pour mieux vous descendre ». À l'époque, ***la saturation médiatique*, ça ne faisait *pas* partie de mon vocabulaire.** C'était dément – nous faisions les couvertures de magazine. Ils nous suppliaient de les faire. On disait « d'accord ». On voulait seulement promouvoir la série. Nous étions prêts à nous battre plus longtemps que ça pour les taux d'audience.

Vous ignoriez que la bataille était déjà gagnée.

Nous ne savions pas qu'une seule couverture suffisait. On a compris la leçon. Inutile de s'exposer plus qu'il ne faut. Au cas où tu te poserais la question, c'est la raison pour laquelle il est plus difficile aujourd'hui de nous avoir en couverture.

Penses-tu que les critiques en règle après certains de vos premiers films font partie de ce contrecoup médiatique ?

Autour du scénario : David Crane, producteur exécutif, s'entretient avec Matt LeBlanc pendant les répétitions de « Celui qui aimait des cheesecakes ».

L'évolution des espèces : Joey est félicité rien que pour avoir envisagé d'avoir une relation sérieuse dans « Celui avait un livre à la bibliothèque ».

tout le monde

« Ce n'est que 22 minutes de rigolade. »

Le coma, à fond la forme : Joey refait une apparition dans le rôle du Dr Drake Ramoray dans « Celui qui retrouvait son rôle ». Voilà ce que dit Scott Silveri, producteur exécutif de la série, du travail de Matt LeBlanc : « Ce qu'il y a de formidable avec Matt, c'est que quoi qu'on lui demande, même si c'est idiot, il y va et ça marche. »

est d'accord

« Au tout début, j'avais un petit béguin pour Jen... »

En ce qui me concerne, mon premier film, c'était avec un singe qui jouait troisième base. Je savais que je devais faire des choix un peu plus avisés. Matt Perry racontait une histoire très drôle à ce sujet. De nous deux, c'était moi qui avais obtenu le rôle dans cet horrible film. Eh ! c'était pour les mômes, j'en ai vu de mes propres yeux qui s'amusaient bien, même si ça ne valait pas un clou.

Es-tu d'accord pour dire que la relation Joey-Chandler est une des plus grandes histoires d'amour de la télévision ?

C'était le top du top pour une histoire de copains. Autrefois, quand on avait deux meilleurs copains, il y avait toujours un moment où ça frôlait l'homosexualité — une affection trop voyante — et c'était toujours : « Ouh ! là, là ! Et notre petite séance hier soir ? » Moi, je l'ai toujours joué autrement. **Joey est *tellement* sûr de sa sexualité que ce truc ne le perturbe jamais.** Il pourrait dormir dans le lit de Chandler, le serrer contre lui toute la nuit — et ça ne serait pas un problème. Même s'il était tout nu. On a tourné cet épisode où, lui et moi, on se retrouve sur le canapé déplié. Nous dormions dans le même lit et je n'oublierai jamais Chandler. Il dit « Eh coco ! qu'est-ce que tu fabriques ? », et moi je réponds « Je ne peux pas dormir en slip ». « Il va bien falloir », il rétorque. Une fois Monica et Chandler mariés, cette relation m'a manqué. Ça faisait un peu mal.

À propos d'avoir mal, que penses-tu de l'épisode où tu as été blessé pendant le tournage ?

Eh, j'ai une grande cicatrice pour m'empêcher d'oublier. Je me suis déboîté l'épaule — mais grave avec l'épaule qui tombait sur le canapé. J'ai sauté de plusieurs avions ; j'ai sauté sur des motos. J'ai fait du snowboard sur des glaciers dans l'Alaska et il a fallu que je me blesse dans un environnement parfaitement anodin sur un tournage à Burbank. Va comprendre.

Le grand aveu : Joey dit à Rachel qu'il est amoureux d'elle dans « Celui qui avouait tout à Rachel ».

Le baiser parfait : Dans « Ceux qui avaient 30 ans », Joey offre à Phoebe une chose qu'elle voulait connaître avant ses 30 ans : le baiser parfait. Lisa Kudrow chante les louanges de Matt LeBlanc, « si drôle et tellement adorable ».

La nuit des rois : Chandler s'endort à la première du film de Joey, alors que ce petit veinard a été choisi parmi tout le groupe pour avoir le dernier billet, dans « Celui qui assistait à la première ».

Embobinés : Répétition passionnée du jeu télé « L'Embobineur », pour la présentation duquel Joey doit passer une audition dans « Celui qui était le maillon fragile ».

Guillemets Volants Non Identifiés : Dans « Celui qui acceptait sa mutation », Joey ne comprend absolument pas ce que signifie le geste de Ross.

sacrés

Tu as compris tout de suite ?

Oh oui ! J'ai baissé les yeux et j'avais plus d'épaule. Jamais rien vu de plus étrange, mais où est donc passée mon épaule ? Et puis, le choc est remonté. J'ai eu la nausée. Je suis devenu tout pâle et il a fallu couper la scène.

Alors, il y avait du public ?

Les gagnants du concours Coca Light, rien que ça, qui étaient venus de partout en avion. Et dès la deuxième scène on a dû s'interrompre.

Au fil des ans, qu'as-tu pensé de tes auteurs ?

D'abord, j'estime qu'ils sont plus que méconnus. **Ces scénarios-là, on n'a jamais rien écrit d'aussi bien à la télé.** Avec David Crane, on faisait un truc vraiment marrant. Il est intelligent, superintelligent, mais il est aussi hyperréac sur les blagues scatos. Alors Perry et moi, rien que pour l'embêter, on lui balançait des blagues scatos. On lui balançait devant tout le monde, avec un visage complètement impassible. Il ne se rendait pas du tout compte qu'on le faisait exprès.

Pour le mettre mal à l'aise ?

Ouais. Je disais : « Et si Joey allait aux toilettes là ? » On a essayé une fois. Je n'oublierai jamais. C'est un classique. Comme je n'avais rien dit depuis trois pages, j'ai proposé de me diriger vers la porte des cabinets et de dire « Il faut que j'y aille », et de fermer la porte. Après, je disparais et je ne reviens plus jusqu'à la fin de la scène.

C'est distingué.

Voilà comment on l'a lancé. J'ai dit : « David, qu'est-ce que tu penses de cette sortie ? » Il a répondu : « Je dois dire que ça ne me plaît pas. » « Pourquoi ? » j'ai insisté. Et lui, il a dit : « Je ne peux plus penser au reste de la scène. Je ne fais plus attention à ce qui se dit. Seulement au fait que Joey est en train de chier là-dedans. » **Mais nos scénaristes, ce ne sont pas des tristes, et parfois c'est nous qui en avons récolté les fruits.**

Une fidélité exemplaire : Joey soupçonne Monica de tromper Chandler dans « Celui qui n'osait pas dire la vérité ». En fait, c'est Chandler qui se cache de Joey, pour ne pas aller voir un match des Knicks et rester avec Monica.

scénaristes

En jouant dans *Friends*, on est considéré par tout le monde comme une autorité en matière de rigolade. **Est-il arrivé que les scénaristes te proposent quelque chose dont tu étais sûr que ça ne pouvait pas marcher ?**

Tout le monde était très sceptique sur l'histoire Joey-Rachel et ça a très bien fonctionné.

Comment c'était pour toi, le gros bisou ?

Agréable. Vingt prises. Je n'arrêtais pas de me planter, je ne sais pas pourquoi.

C'est vrai ?

Non… Quinze.

Comment la production parvenait-elle à s'adapter à tous les films que vous tourniez, tes copains et toi ?

De temps en temps, ça faisait des emplois du temps intéressants, mais Todd Stevens (coproducteur exécutif), qu'il soit trois fois béni, a toujours réussi à s'en arranger. Ce type, c'est une vraie merveille. Il est tellement impliqué dans le travail.

Je me souviens que tu arpentais littéralement le monde quand tu tournais *Perdus dans l'espace*.

J'ai énormément voyagé pour cet autre film que j'ai également tourné, *All the Queen's Men*, qui commençait par douze scènes d'un bout à l'autre du pays.

On t'a vu aussi dans les films de *Charlie et ses drôles de dames*. Une tendance se dessine – le trio de femmes passionnées te convient.

Ce thème me plaît. Dans certaines cultures, le riz est une nourriture de base. Moi, je voudrais que ce soit ce trio.

Sans lait, merci : Joey supporte mal de voir Rachel nourrir Emma au sein dans « Celui qui n'avait demandé personne en mariage ».

C'est en forgeant... : Avec la participation active de Chandler, Joey répète les moindres mouvements avant son premier vrai rancard avec Rachel, dans « Celui qui avait décidé de bronzer ».

drôlement

Un Friend au poil : Travail de précision dans « Celui qui se faisait épiler ». Joey s'est déjà fait épiler un sourcil, mais l'idée de souffrir pour le second lui est insupportable — et c'est Chandler qui tente de rééquilibrer les choses.

Joey noue de nombreuses relations pendant la série, mais peu comptent vraiment.

Les histoires de Joey se déroulent toujours hors champ et elles sont largement discutées, ce que je trouve intelligent parce qu'ainsi on ne craque jamais devant un visage. On en reste à des plaisanteries et des mensonges patentés ; puisqu'il s'agit de Joey, c'est forcément la vérité. Mais à l'écran, on n'a pas vu beaucoup d'histoires — Ross en a sans doute eu davantage ; si elles avaient été hors caméra, personne n'y aurait cru *[rires]*.

À quoi ça ressemble d'être un très bon acteur qui en joue un très mauvais ?

C'était intéressant. Au début, on allait tourner sur le décor des *Jours de notre vie*. C'était drôle, jusqu'à ce qu'on comprenne qu'on était en train de se moquer de ces gens. Nous avons décidé de faire ça sur notre propre plateau pour ne pas en rajouter. Et puis, à la saison dernière, *Joey* a organisé une fête sur le toit pour tous les gens du soap et j'ai discuté avec eux. Je ne me rendais pas compte à quel point leur travail était difficile. La charge de travail est incroyable. Trente pages de dialogues par jour — c'est pas du gâteau. Des dialogues vraiment bien écrits, ça coule de la bouche comme du miel. Une écriture médiocre, c'est plus ardu et quand c'est mauvais, c'est presque impossible à mémoriser parce qu'il n'y a rien qui tient le texte. Heureusement, j'ai toujours eu des textes fabuleux.

Joey s'améliore-t-il en tant qu'acteur ?

Je ne crois pas. **Mieux vaut pour lui qu'il continue à être nul parce que s'il a du succès,** il ne sera plus l'éternel raté. Le raté, c'est un gars marrant — un gars qui ne peut jamais s'arrêter. Bon, il se ménage bien une petite pause mais il fout tout en l'air tout de suite.

Comment aimerais-tu qu'on se souvienne de *Friends* ? Comme de la série qui a mené à *Joey* ?

On peut dire ça comme ça. Comme d'un morceau d'anthologie. Je me souviens de tous ceux qui ont vraiment compté pour moi. J'aurais bien envie qu'il reste encore quelques années pour que j'aie le temps d'être fin prêt. **Ce sera vraiment triste quand ça se terminera. Vraiment.**

tristes

La lune de miel commence fort : Dans « Celui qui avait dit "Rachel" », Chandler et Monica envisagent de pousser Ross pour pouvoir faire l'amour dans la suite spéciale jeunes mariés, que Ross était supposé partager avec Emily. Pour Courteney Cox, « le mariage, c'est un vrai kiff, dans *Friends* comme dans la vie ».

SAISON CINQ

TRÈS VITE DANS

***Friends* arrive largement en tête des émissions télévisées avec son centième épisode.**

Une série qui atteint le centième épisode a suffisamment accumulé de matériel pour fournir des années de distraction en rediffusion. Avec « Celui qui a des triplés », le centième épisode, *Friends* franchit également une autre étape puisque Phoebe y accouche des triplés qu'elle a portés pour son demi-frère et sa femme depuis la Saison Quatre. « Bonjour, je m'appelle Phoebe Buffay et je vais avoir des bébés » ; ainsi se présente la future mère en arrivant à l'hôpital.

« Avoir réalisé le centième, c'était important — même si la réalisation de chaque épisode est importante », dit David Crane.

Une fois « Celui qui a des triplés » terminé aux alentours de minuit, la nouvelle mère porteuse de la télévision, Lisa Kudrow — qui avait accouché hors champ quelques mois plus tôt — et ses collègues de travail ont fêté ça sur les lieux de tournage ; beaucoup d'amis, dont Pee Wee Herman, ont rejoint les acteurs et les techniciens, tandis que la stéréo jouait « That's What Friends Are For ».

Phoebe n'a pas été la seule à croître et à se multiplier pendant la Saison Cinq — l'association Bright Kauffman Crane s'est retrouvée soudain avec trois séries en production. *Les Dessous de Veronica*, avec Kirstie Alley, avait démarré l'année précédente, et à l'automne 1998, ils supervisèrent une nouvelle sitcom NBC, *Jesse*, avec Christina Applegate. Au début de la saison, après avoir tourné le premier épisode postpilote de *Jesse*, Bright Kauffman Crane avaient bien conscience des responsabilités qui pesaient sur leurs épaules. En me parlant de mon livre, *The Showrunners*, Kevin Bright m'expliqua : « C'est drôle, quand on a terminé hier soir j'ai dit à Marta et David : “La grande nouvelle, c'est qu'on en a un dans la boîte et encore soixante-sept à faire.” »

Avec une telle charge de travail, la saison s'annonçait longue pour Bright Kauffman Crane, mais pour *Friends*, tout allait bien. « Celui qui avait dit “Rachel” » avait offert un démarrage en beauté, bien meilleur que le mariage de Ross et d'Emily. Il y eut d'autres excellents épisodes comme « Celui qui embrassait », « Celui qui riait différemment », « Celui qui était à Las Vegas » (en deux parties) et « Celui qui enviait ses amis », dans lequel on découvrait Michael Rapaport dans le rôle de Gary, un homme qui, pendant un moment, a fait battre le cœur de Phoebe. « Michael était merveilleux, se souvient Lisa Kudrow. Je me suis dit : “cette série est drôlement bien si Michael Rapaport a envie de jouer dedans.” »

À voir Monica et Chandler déployer tant d'efforts pour garder secrète leur relation, il y avait de quoi s'amuser. Cette histoire atteint sans doute des sommets dans le meilleur épisode de la Saison Cinq, « Celui qui découvre tout ».

« J'adore cet épisode, nous confie Marta Kauffman. Ce qui me plaît surtout, c'est qu'on devait aussi être émouvants. David et moi, c'est une chose qu'on adore faire, réaliser quelque chose de plus poignant que n'importe quelle série lambda. Un grand moment de la série. »

Une fois de plus, la relation entre Chandler et Monica s'est mise à voler de ses propres ailes. « On

LA SAISON CINQ

n'avait pas prévu d'en faire une histoire à long terme, révèle Matthew Perry. Pendant quelques épisodes, ils devaient essayer de faire l'amour ensemble sans que personne soit au courant. Mais la réaction a été si phénoménale — et le courant passait tellement bien entre les deux membres les plus névrosés de la bande — qu'en définitive ça ne s'est plus arrêté. »

Ne plus s'arrêter — voilà pourquoi Friends existe.

Situation inconfortable : Dans « Celui qui a des triplés », Ross réconforte Phoebe en lui affirmant que tout va bien se passer. Réponse logique de l'intéressée : « C'est facile à dire pour toi, on voit bien que les trois gamins ne vont pas sortir de ton vagin. » « Accoucher est une chose nettement plus facile à la télé qu'en réalité », assure Lisa Kudrow.

Souvenirs, souvenirs : Chandler, Rachel, Ross et Monica au faîte de leur élégance chez les Geller, pour le Thanksgiving de 1987, dans « Celui qui avait des souvenirs difficiles à avaler ». Comme le souligne Courteney Cox, « jouer, ce n'est pas toujours glamour ».

Le temps de la revanche a – presque – sonné : Monica, un peu flippante, tente de séduire Chandler afin de l'humilier, comme il l'a humiliée un an auparavant en la traitant de « grosse », dans « Celui qui avait des souvenirs difficiles à avaler ».

ne plus s'arrêter

Avantages en nature : Rachel embrasse par erreur M. Zeiner, avec lequel elle passe un entretien d'embauche chez Ralph Lauren, dans « Celui qui ne savait pas se repérer ». Steve Ireland, qui joue M. Zeiner, raconte : « La plupart de mes scènes étaient avec Jennifer Aniston. On peut dire que je suis verni ! Lorsque l'on tournait "Celui qui ne savait pas se repérer", j'avais laissé le scénario chez moi, et ma femme l'a feuilleté pendant le petit déjeuner. Je rentre et elle me dit : "Attends, qu'est-ce que ça veut dire ? Jennifer Aniston te touche l'entrejambe ?" J'ai répondu : 'Mais non, ma chérie, c'est juste, euh, un effet de l'angle de prise de vue.' Je pense qu'elle n'en a pas cru un mot. »

La bête qui est en moi : Dans « Celui qui avait des souvenirs difficiles à avaler », Joey enfile une dinde sur la tête pour effrayer Chandler, ce qui s'avère ne pas être une si bonne idée. Phoebe décore la volaille pour aider Joey à échapper au courroux de Monica, et trouve les mots qui réconfortent : « C'est normal que ça sente mauvais, t'as mis le nez dans le derrière d'une dinde morte. »

Mise à nu : Dans « Celui à qui on a piqué son sandwich », lorsqu'une photo de Monica très dévêtue s'échappe de l'un des magazines de Chandler, Joey refuse de continuer à couvrir le couple. « Garder secrète la relation Chandler-Monica a été matière à de nombreux gags », explique Marta Kauffman.

matthew PERRY

Interview d'adieu à F·R·I·E·N·D·S

« Personne ne sait lâcher une réplique comme Matthew Perry, déclare Matt LeBlanc. La première fois que l'équipe s'est retrouvée sur le plateau, alors qu'on répétait tous ensemble, je me souviens avoir pensé : "Waouh ! ces types sont géniaux". **Chacun d'eux avait un jeu tellement particulier,** surtout Perry. J'ai pensé : "Je ne pourrai jamais prononcer une réplique comme ça. Mais comment il se débrouille ? Ce type fait mouche à tous les coups." Je ne comprends toujours pas comment il fait. »

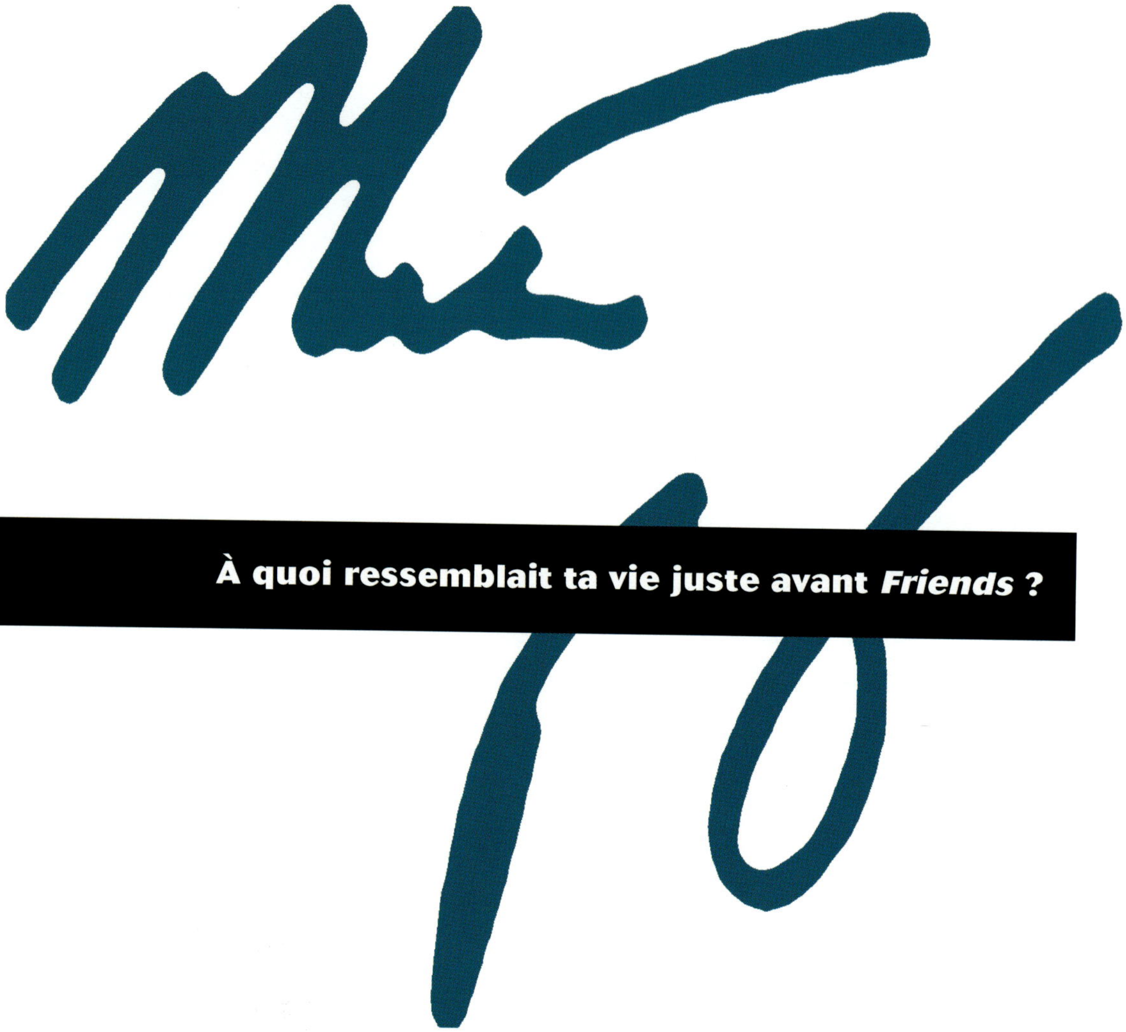

À quoi ressemblait ta vie juste avant *Friends* ?

Je n'avais plus un sou. Mon banquier m'a appelé pour me dire littéralement : « Il faut trouver du travail. » J'ai téléphoné à mes agents. « Il faut que vous me trouviez du travail, n'importe quoi. » Et ça n'avait rien d'évident, tu sais. Alors j'ai accepté de faire un pilote qui s'appelait *LAX 2194*.

Je ne crois pas que celui-là a eu les honneurs du musée de la Télévision et de la Radio.

C'était une série à propos de porteurs de bagages en 2194 à LAX. Épouvantable. Je te raconte : Je jouais un type chargé de trier les bagages des extraterrestres en 2194. J'étais entouré par des figurants, des nains avec une perruque ; c'étaient eux les extraterrestres. Voilà à quoi ça ressemblait, cette série *LAX 2194*.

Difficile de croire que ça n'a pas marché.

Oui, tu l'as dit. Alors j'avais donc tourné ce pilote, et du coup je n'étais plus considéré comme disponible. Peu de temps après, le pilote de *Friends – Friends Like Us*, comme ça s'appelait au tout début – s'annonce. Le pilote dont tout le monde parlait. Alors je l'ai lu et ce personnage, Chandler, **c'était moi tout craché.** « C'est fou, j'ai pensé, c'est moi. » J'ai téléphoné à mes agents et je leur ai demandé d'essayer de m'obtenir une audition, mais les producteurs n'ont pas voulu me voir à cause de cette série futuriste sur le porteur de bagages.

c'était moi

tout craché

C'est donc vrai que tu as aidé d'autres gens à préparer l'audition pour Chandler ?

Des copains acteurs m'ont dit : « Ce personnage te ressemble beaucoup. Tu pourrais m'aider ? » Du coup, j'ai découvert le rôle pendant environ trois semaines, avant qu'il ne soit attribué. Certains de mes amis ont bien failli devenir Chandler. Ils sont arrivés en dernière audition, grâce à leur talent autant qu'à mon aide, évidemment. J'avais essayé de leur montrer le truc de Chandler qui ne met pas l'accent sur les bons mots – sa façon de parler.

Heureusement, NBC et la Warner ont fini par voir *LAX 2194* et en conclure intelligemment que ça n'aurait sans doute pas d'avenir. Alors, ils m'ont enfin convoqué pour la série, certains que l'autre allait mordre la poussière.

Et à ce moment-là, tu étais bien préparé à jouer Chandler ?

Je connaissais tout. Je n'ai même pas apporté le scénario à l'audition. Je suis entré et j'ai dit : « Que voulez-vous que je fasse ? » À force d'aider les autres, je connaissais le scénario par cœur, à l'envers et à l'endroit.

Dès le moment où je suis entré dans la salle, j'ai su que le rôle était pour moi. J'ai auditionné pour Marta Kauffman le mercredi, et pour Warner, le jeudi, pour la chaîne, le vendredi, et on a commencé le lundi. Au cas où tu ne serais pas au courant, on continue toujours.

La réhabilitation de Heckles : Le groupe découvre que ce vieux grincheux de M. Heckles était un clown de renom dans « Celui qui est mort dans l'appart du dessous ».

Tu avais déjà travaillé avec Bright Kauffman Crane sur *Dream On*, non ?

Oui. À l'époque, j'étais plus fier de cet épisode de *Dream On* que de n'importe quoi d'autre. Cette série m'avait beaucoup plu quand je l'avais vue. Ça remonte à 1992 et je crois que c'était le premier épisode que Kevin Bright devait réaliser ; c'est comme ça que j'ai rencontré Marta et David, à faire la guest-star dans leur série. Ils se souvenaient de moi et manifestement mon travail ne leur avait pas déplu, alors ça m'a plutôt aidé.

Dans le pilote de *Friends*, « Celui qui déménage », à quel point Chandler était-il déjà cerné ?

Les grands traits y étaient. J'en ai peut-être rajouté quelques-uns pendant le tournage du pilote, mais toutes les remarques amusantes sur la vie étaient déjà écrites. Et c'était vraiment moi – **j'avais passé mes 20 ans à ne pas vivre et à me moquer des autres. Et bizarrement, Chandler était ainsi au début de *Friends*.** À l'origine, le personnage de Chandler paraissait être uniquement un observateur de la vie des autres. Il existait pour prononcer la phrase drôle à la fin des scènes où les autres agissaient. Tout ça venait de la finesse d'observation de Marta Kauffman et David Crane. Entre le pilote et le premier épisode, ils nous ont tous invités à déjeuner séparément pour trouver le déclic de chacun. Ils ont découvert qui nous étions et comment nous vivions.

le rôle

Un bon Bob-ard : Chandler à l'écoute d'une voix très sexy qui a fait un faux numéro et laisse par erreur un message adressé à un certain Bob dans « Celui qui se faisait passer pour Bob ».

Révisions : Matthew Perry sur le plateau de « Celui qui envoyait des e-mails ».

était pour moi

Ils ont dit : « Raconte-nous quelque chose d'intéressant sur toi, on pourra peut-être l'intégrer à la série. »

Qu'ont-ils donc appris sur ta vie ?

Je me souviens que ma vie sentimentale n'était pas terrible à l'époque..

Allez, arrête, Matthew.

Même si je n'ai rien de laid, je me débrouille mal avec les femmes. Ils ont également compris que j'ai tendance à rompre un moment sérieux ou émouvant par une plaisanterie, dès que je le peux. Parce que les moments sérieux me mettent mal à l'aise. Et tu sais, ça c'est Chandler. Ça a fini par devenir Chandler. Je me souviens leur avoir raconté que j'étais sorti la veille au soir avec une fille. Une fois rentré chez moi, j'avais appelé un ami et il m'avait demandé comment ça s'était passé. Et j'avais répondu : **« Je vais mourir seul. »** Alors, quatre épisodes plus tard, Chandler dit la même chose, et après on a continué, sur la même lancée.

Comment as-tu ressenti le fait de devenir adulte devant un public ?

Sur le plan personnel, c'était parfois difficile et en définitive ça valait vraiment la peine. Dans la série, c'était très intéressant parce que le personnage de Chandler a vraiment mûri. Pendant les deux premières années, qui aurait pu penser que Chandler et Monica allaient former un couple et que Chandler serait le premier à se marier — à part Ross évidemment ? Dans ma propre vie, c'était intéressant parce que je ne ressens plus ce besoin de neutraliser les moments authentiques de la vie en tentant d'être drôle. Chandler, lui aussi, s'est débarrassé de cette habitude. Dans la série, on peut dire que Chandler et Monica traversent des moments vraiment profonds. J'ai toujours considéré Chandler comme un personnage de sitcom parfait — le type qui doit toujours blaguer sur tout. Il a forcément une bonne raison pour plaisanter tout le temps.

En plein travail : Matthew Perry et Courteney Cox avec David Crane, producteur exécutif, sur le plateau de « Celui qui devait gagner à la loterie ».

Pretty man : Julia Roberts laisse Chandler en plan et en sous-vêtements — à savoir sa lingerie à *elle* — dans « Celui qui retrouve son singe — deuxième partie ».

Que la lumière ne soit PAS : Chandler se retrouve coincé dans le vestibule d'ATM avec Jill Goodacre dans « Celui qui a du jus ». « C'est l'un de mes épisodes préférés. Le parfait mélange entre rêve et cauchemar pour mon personnage : il est aux anges, puis il devient nerveux et fait tout rater », explique Matthew Perry. Quant à Jill Goodacre, elle raconte : « Matthew et moi avons vraiment passé un bon moment. C'était un plaisir de travailler avec lui. On a beaucoup improvisé, par exemple le coup du crayon, j'ai commencé là-dessus et on a brodé autour, c'était très drôle. »

Chandler a

vraiment mûri

Votre attention, s'il vous plaît ! : Matthew Perry interpelle Kevin Bright, producteur exécutif, lors du tournage de « Celui qui se marie – première partie ».

La copine de mon copain : Chandler craque sur Kathy, la petite amie de Joey jouée par Paget Brewster, dans « Celui qui poussait le bouchon ». Elle confie : « Matthew Perry occupera toujours une place spéciale dans mon cœur : il m'a donné mon premier baiser de télé. Il m'a taquinée avec ça pendant deux semaines et la pression a payé : j'avais les jambes flageolantes. [...] On ne me connaît quasiment que pour mon rôle dans *Friends*, et pourtant j'ai joué dans trois autres séries par la suite – mais elles n'ont pas duré longtemps – et douze films. Je suis stupéfaite qu'on me reconnaisse encore alors que j'avais les cheveux si courts à l'époque. »

compter les uns

Mais le fait de mûrir n'a pas toujours été une partie de rigolade pour toi.

J'avais 24 ans au début de la série. J'en aurai 34 quand elle sera terminée et ce sont des années très importantes dans la vie d'un homme. Donc, les traverser face au public, pour moi, Matthew Perry, par rapport à Chandler, c'était difficile. Au début, on est dans le trip **« Je suis célèbre et c'est exactement ce que j'ai toujours souhaité ».** J'étais le genre à vouloir passer à la télé et travailler à la NBC. Ensuite, on traverse une période solitaire où on se dit : **« Je voudrais bien que tout le monde cesse de me regarder. »** Et puis on finit par dépasser tout ça. Et on se rend compte que toute cette attention n'est pas authentique, mais complètement volatile, et ça peut s'arrêter à tout moment. Alors on trouve des choses dans sa vie pour s'enraciner, sa famille, ses amis… et d'autres choses qu'il m'est arrivé de faire.

Ça rame : Chandler regarde *Alerte à Malibu* avec le canard, dans « Celui qui poussait le bouchon ».

Tes collègues de *Friends*, ils t'ont offert cet enracinement si nécessaire ?

Au début, tout à fait parce que **nous étions six – et même neuf si on compte les producteurs – dont la vie a changé de façon très étrange.** Pour nous six, elle a changé exactement de la même façon, alors on pouvait vraiment compter les uns sur les autres. On se surveillait mutuellement. Une bonne manière d'éviter l'apparition d'ego surdimensionnés. D'autant qu'on n'avait aucune disposition. Si l'un d'entre nous se prend pour le nombril du monde pendant une seconde, les cinq autres sont là pour dire : « Ferme-la, qu'est-ce que tu fabriques ? »

Vous vous surveilliez mutuellement ?

Oui. Ça a vraiment commencé le troisième jour du pilote avec Courteney Cox, qui était la seule à avoir un nom. Elle a dit : « Pas de Jerry Seinfeld dans cette série, alors on travaille tous ensemble. Pour de bon. » Elle l'a dit et on l'a fait. Et la façon dont ça a fonctionné au fil des ans, c'était très intéressant. La première année, tout le monde ne parlait que de David Schwimmer. L'année dernière, il n'y en avait plus que pour Jennifer et entre-temps chacun a eu droit à ses moments d'attention particulière. Il m'est arrivé parfois d'être l'objet d'une attention dont je me serais bien passé. Mais l'identité de celui qui avait droit aux projecteurs n'était pas importante, parce que c'est ainsi que fonctionnent la célébrité et la série. **Ce qui compte vraiment, c'est qu'on ait réussi à rester soudés tous les six.** Nous avons toujours formé un groupe très lié. Et ça a bien simplifié la situation.

Quand tu regardes la série, cela te ramène-t-il aux épreuves que tu as traversées ? Parce que tu as vécu des problèmes personnels qui étaient loin d'être drôles.

Pendant cette série, j'ai traversé plusieurs périodes très noires, qui ont eu des conséquences sur mon poids et mon allure générale. C'est dur pour moi quand on en vient à ces épisodes-là précisément. Je ne les regarde pas souvent. Je me souviens seulement à quel point j'étais triste et combien ce devait être difficile de travailler avec moi. Mais heureusement, j'ai réussi à m'en sortir et à retrouver la paix. N'empêche, pour répondre à ta question, ce n'était pas facile.

sur les autres

« Les moments émouvants ont été parmi les plus intéressants. »

une machine bien

Imagine-toi au fond du trou, sauf que 32 millions de personnes te regardent. La Saison Trois a été très difficile et j'ai empoisonné tout le monde avec mon comportement et mes problèmes de drogue.

Es-tu étonné que la série soit allée jusqu'au bout – en dépit de tous les problèmes, elle a continué ?

J'adresse ici mes ultimes remerciements à tous ceux qui ont travaillé pour la série – pour m'avoir supporté sans jamais protester. Les gens comprenaient que j'allais mal et que ça ne rentrait pas du tout dans mes prévisions. J'étais dépassé par les événements, il fallait que je change de vie pour arranger tout ça. En définitive, c'était ma responsabilité, uniquement. Il fallait que je le fasse. **La production de *Friends* est une machine bien huilée** et j'étais obligé de travailler énormément pour compenser les moments où j'étais absent, mais on a réussi à se débrouiller et maintenant cette période est terminée.

Comment as-tu réagi à cette première vague d'hostilité vis-à-vis de *Friends* ?

Sur le coup, c'était étrange parce que nous ne comprenions pas. Rétrospectivement, ça ne me fait plus ni chaud ni froid, mais à l'époque c'était désagréable parce que nous ne comprenions pas. **Nous faisions exactement les mêmes choses qu'auparavant, et brusquement la presse nous détestait.** Maintenant voilà dix ans que ça dure, alors on a compris. Ça arrive systématiquement. Si quelqu'un remporte un succès phénoménal, on va le féliciter, on va écrire des tartines sur lui, et puis dès qu'il va bouger de nouveau, on va le coincer. Parce qu'on ne peut pas aller plus loin dans le compliment, alors il n'y a plus qu'à faire carrément demi-tour et voilà comment arrive le phénomène de saturation. Ça nous a vraiment perturbés. Si seulement j'avais su à l'époque ce que je sais maintenant, j'aurais pu rassurer tout le monde. « Calmez-vous, d'ici un an, on sera de nouveau au top. »

Le rire est le propre de l'homme : Monica découvre l'horreur qu'est le rire forcé de Chandler dans « Celui qui riait différemment ».

Pores sous contrôle : Soin des zones grasses du visage dans « Celui qui voyait la robe de mariée ». Comme le dit si bien Matthew Perry, « Il y a vraiment des types formidables dans cette série ».

Pour le meilleur et pour le pire : Dans « Celui qui inventait des histoires », Chandler tente de convaincre Monica – choquée d'être vue comme despotique – que ce contrôle qu'elle veut exercer sur les autres, il aime justement pouvoir l'exercer sur elle. Shana Goldberg-Meehan, producteur exécutif, décrit le travail avec Matthew Perry : « Il a une façon merveilleuse de sentir les choses. Je m'en rends très souvent compte quand il dit une réplique : ce n'est pas toujours comme je l'imaginais, mais c'est mieux. »

Bain de foule : Quand Ross et Rachel annoncent qu'ils attendent une petite fille, dans « Celui qui découvrait les joies du bain », la baignoire de Chandler devient un endroit très convivial.

Pour parler d'un sujet plus gai, as-tu des bons souvenirs de vos petites gambades dans la fontaine ?

On a dû y aller deux fois. Je me souviens surtout de la première. **On était six dans une fontaine à quatre heures du mat' prêts à s'embarquer pour une aventure en ignorant tout de ce que l'avenir nous réservait** – sauf qu'on allait bien s'amuser et que peut-être ça marcherait. J'étais mort de froid et ça a duré des heures et des heures. Et puis, sept ans plus tard, il y a eu un épisode où il fallait retourner dans la fontaine et on s'est arrangés pour que ça dure une demi-heure. **Nous avons exigé que l'eau soit chaude et que nous puissions jouer la scène exactement comme nous l'entendions.**

Tu n'es qu'un fumeur de gitanes : Chandler fume pour décourager la très excitée et très en période d'ovulation Monica, dans « Celui qui avait fumé ».

Pas question d'accepter quoi que ce soit en plus. Mais c'était amusant. Je me souviens que les deux fois nous riions de façon hystérique. Nous étions censés danser, mais moi je ne sais pas danser. La deuxième fois, c'était très chaleureux parce qu'on retournait à l'endroit précis où tout avait démarré. La première fois m'a laissé un souvenir très vif — six personnes en train de s'agiter en rythme dans une fontaine sans qu'aucun de nous ait la moindre idée de ce qui nous attendait.

As-tu souvent l'occasion d'entendre le thème musical de *Friends* dans la vie quotidienne ?

Une des situations que je déteste le plus, c'est lorsque je vais assister à un événement sportif. On braque la caméra sur moi et la chanson passe dans son intégralité ; on ne peut rien faire. Un sourire bêta les cinq premières secondes et après… l'air idiot. À l'époque où la chanson passait tout le temps à la radio, quand j'étais au volant de ma décapotable, dès que j'entendais les premières mesures, je me dépêchais d'éteindre. Presque aussi vite que lorsqu'on entend une chanson qu'on croit aimer et qu'en définitive on ne peut pas supporter alors on change de station.

Selon toi, quel est le rôle de Bright Kauffman Crane dans cette aventure ?

Ils ont tout fait exactement comme il faut. Une des meilleures choses — et vraiment, on ne leur rend pas assez justice —, c'est l'équipe d'auteurs. Au fur et à mesure que les scénaristes sont au point, ils partent faire leurs propres séries. Il faut les remplacer et ce roulement est une des choses qui a permis à la série de garder sa fraîcheur. Là où Marta, Kevin et David montrent beaucoup de talent, on ne le répétera jamais assez, c'est en embauchant des auteurs formidables. Quand ils s'en vont, ils trouvent aussitôt les génies de l'année suivante. Ils ont vraiment l'œil pour ça. **Et ils protègent toujours les personnages.** Ils ne les entraînent jamais sur des terrains minés. Ils sont incroyablement doués pour innover perpétuellement.

La justice selon Monica : Monica exige les mêmes avantages que les autres jeunes mariés passés avant eux dans « Celui qui découvrait sa paternité ».

Les provinciaux : Chandler annonce que Monica et lui vont déménager à Tulsa dans « Celui qui allait chez le pédiatre ».

tout va bien

Camaraderie : Dans « Celui qui envoyait des e-mails », Chandler complète le site de Ross : « J'ai cloné une femelle dinosaure. Ce sont les meilleures relations sexuelles que j'aie jamais eues ».

Duo de charme : Dans « Celui qui a épousé Monica – première partie », les parents de Chandler, joués par Morgan Fairchild et Kathleen Turner, poursuivent leur guerre froide pendant le mariage de leur fils. Pour Kathleen Turner, le père travesti de Chandler, « C'était un rôle irrésistible. Quand on me l'a offert, je me suis dit : "Parfait, une femme qui joue un homme qui joue une femme." Je crois que je n'avais jamais fait ça avant. Le jeu de pétasses avec Morgan était très drôle, et Matthew m'appelle toujours papa. »

Que penses-tu des taux d'audience de *Friends* qui ont grimpé après le 11 septembre ?

J'ai entendu les gens dire que regarder *Friends* c'était comme de manger un excellent sandwich grillé au fromage. C'est classique, c'est réconfortant et c'est toujours là quand on en a besoin. **Les personnages dégagent de l'émotion, et évidemment ils sont drôles. L'idéal, non ?** On peut compter toutes les semaines sur 22 minutes de rire imprévisible. Fondamentalement, ce sont des gens charmants qu'on est contents de revoir. Tous les groupes de copains semblent avoir un Ross ou un Chandler parmi eux. Le public de la série a beaucoup évolué. Les gens de plus de 50 ans la regardent, et évidemment les 18-49 aussi. De quoi réjouir les foules sans la moindre prétention. C'est vraiment comme de déguster un sandwich grillé au fromage sauf que ça ne fait pas grossir.

Quel genre de cauchemar freudien – ou de rêve érotique – était-ce de voir Morgan Fairchild jouer ta mère ?

C'était très bizarre parce que j'avais vu *Flamingo Road* et j'ai aimé les séries dans lesquelles elle a joué. Très bizarre, **mais toute la famille de Chandler débloque.** N'oublie pas que Kathleen Turner, c'est mon papa.

Dans un monde post-Friends, que conseilles-tu de faire le jeudi soir ?

Il y a de bonnes chances pour que les braves gens de NBC trouvent quelque chose – *Joey*, par exemple. Mais je crois que la meilleure réponse serait de conseiller d'aller voir un de nos films.

Quel est ton souvenir le plus cher de *Friends* remportant enfin l'Emmy de la Meilleure Comédie ?

Jay Leno n'a pas dit *Friends*, il a juste retourné l'enveloppe sur laquelle c'était écrit, et **nous, nous étions sous le choc.**

l'idéal,

« Ne serions-nous pas le nouveau *Brady Bunch* ? »

Mon gros bébé : Une Monica très fécondable et très torride demande à être satisfaite, alors qu'elle et Chandler gardent Emma dans « Celui qui se faisait poser un lapin ». Comme le dit Ted Cohen, producteur exécutif, « Matthew a un sens du rythme comme personne. Il ne tombe jamais à côté de la plaque ».

non ?

on

était sidérés

Le bonheur, on n'en revenait pas, on était sidérés. Même si tout le monde disait que cette année *Friends* allait l'emporter. Mais on l'avait dit tous les ans. Surtout au début, on estimait que la série était tellement géniale qu'on ne pouvait que gagner. Mais ça ne s'est pas produit. Ce soir-là, j'ai raté l'Emmy du Meilleur Acteur et quand on a été nommés après tant d'années, ça file un sacré cafard. Et puis voir Jay Leno retourner l'enveloppe pour qu'on lise ce qu'il y avait écrit, c'était incroyable. C'était tellement impressionnant de voir David Crane avec l'Emmy dans les mains.

Comment aimerais-tu qu'on se souvienne de la série ? On est presque à la fin mais les rediffusions vont continuer éternellement.

On est le nouveau *Brady Bunch*, évidemment. J'aimerais bien qu'on se souvienne de *Friends* comme moi je m'en souviens — le meilleur endroit du monde dans lequel passer dix ans.

Qu'est-ce que cela a signifié pour toi de faire partie de l'histoire *Friends* ?

Ça a changé ma vie. **Autant de participer à quelque chose qui a été une réussite à tous les niveaux que de baigner dans une ambiance** d'une telle tendresse, avec ses hauts et ses bas. Pour beaucoup de ces hauts et encore plus de ces bas, j'étais vraiment au centre. Quand on va travailler, il n'y a rien de meilleur que d'être impatient d'arriver, plutôt que de se plaindre. On a presque envie de griller les feux rouges. Vivre une telle expérience pendant dix ans, c'est dément et ça ne se reproduira jamais. Ces moments, nous les gardons dans un coin de notre cervelle parce que notre vie professionnelle n'atteindra plus de tels sommets.

Dans la série, as-tu une réplique préférée ?

Une des répliques que je préfère, c'est parmi les premières que je dis dans « Celui qui déménage » : « J'aimerais bien être lesbienne », déclare mon personnage avant d'ajouter : « Quoi, j'ai dit ça à voix haute ? » Et puis toutes les rebuffades vis-à-vis de Joey chaque fois qu'il dit une bêtise. La caméra passe sur moi et les gens rient déjà, parce qu'ils savent que je vais me moquer de lui. Une des vannes les plus réussies c'était « Joey, il faudrait que tu arrêtes d'enfoncer le Coton-Tige quand tu sens que ça résiste ».

Au-delà des blagues, *Friends* est parvenu à des moments hautement émouvants pour une sitcom, non ?

Il y a de l'authentique là-dedans, mais les producteurs et les scénaristes savent avoir la main légère, sans jamais pousser dans le mélo ni dans la soupe pour qu'on puisse toujours rompre ça par une blague. Les moments les plus émouvants et les plus sérieux ont certainement été les plus intéressants et c'est bien dans cette direction que je souhaite faire carrière pour les dix ans à venir. Crois-le si tu veux, mais ça me plaît de jouer une sitcom dans l'intensité. C'est la grande différence avec, disons, *Seinfeld* qui était une série formidable mais qui se vantait de bannir toute émotion. Alors que dans *Friends* les sentiments avaient un rôle important et je crois que **c'est pour cela que la finale – je le dis ici pour la première fois – sera sans doute la série la plus regardée du monde.**

On a toujours dit que *Seinfeld* était une série à propos de rien. Pour toi, de quoi parle *Friends* ?

Friends, c'est des losers attachants qui, à la fin, deviennent des gagnants en s'appuyant les uns sur les autres. Du moins, c'est ce que moi je pense.

La Bing attitude : Le très classe Matthew Perry prend la pose dans « Celui qui faisait rire sa fille ».

– Je vais essayer de décrocher, comment t'appelles ça, là ?… Un petit boulot.

L'ENFANT GÂTÉE QU'A ÉTÉ RACHEL SE FAIT À SES NOUVELLES AMBITIONS DE FEMME ACTIVE DANS « CELUI QUI DÉMÉNAGE ».

– C'est comme si le vaisseau mère te rappelait à la maison.

PHOEBE ÉMET UN COMMENTAIRE SUR L'ENTRETIEN QUE VIENT D'OBTENIR RACHEL CHEZ SAKS, SUR LA 5E AVENUE, DANS « CELUI QUI GAGNAIT AU POKER ».

– Qui c'est Sec Soc ? Et pourquoi il me prend mon argent ?

RACHEL DÉCOUVRE LES JOIES DES RETENUES SUR SALAIRE, DANS « CELUI AVEC GEORGE ».

– Papa va au bureau pour gagner le biberon. C'est fou ce que ça bouffe à cet âge-là.

CHANDLER EST À SA PROPRE CHARGE ET CELA LUI PÈSE.

RÉPLIQUES CULTES

– Arrête, tout le monde a toujours menti sur son CV ! J'ai pas non plus joué dans *Rintintin* !

Joey avoue qu'il ment lorsqu'il dit avoir été un acteur à succès étant enfant dans « Celui qui était très jaloux ».

ROSS :

– Non, non, c'est l'Homo habilus erectis qui est debout, l'australopithèque n'est jamais dressé.

CHANDLER :

– Ou alors il est plus erectus qu'habilis.

Réflexions sexo-paléontologiques dans « Celui qui a fait on ne sait quoi avec Rachel ».

– Mettez un pantalon, jeune homme, j'ai une grande envie de vous botter les fesses !

Charlton Heston insiste pour créer une relation particulière avec le jeune comédien Joey dans « Celui qui n'avait pas le moral ».

– Après toutes ces années de travail acharné, tu as fini par te frayer un chemin jusqu'au sommet.

Chandler félicite Joey pour son interprétation de l'arrière-train dans « Celui qui est verni ».

ROSS :

– Joey, les *Homo sapiens* n'étaient pas que des mecs.

JOEY :

– Attends, je les juge pas, hein !

Autre conversation instructive dans « Celui qui avait pris un coup sur la tête ».

sur le travail

SAISON SIX

Avec des si… : Cliché du groupe, tel qu'il serait si la vie de chacun avait pris une autre tournure, dans « Ce qui aurait pu se passer — première partie ». Pour Matt LeBlanc, « Quand nous sommes tous les six ensemble, c'est magique ».

LA SAISON SIX FUT

de maturation pour *Friends* – pour les personnages comme pour la série.

L'histoire de Monica et Chandler devenait de plus en plus sérieuse avant de déboucher sur la proposition de Monica à la fin de la saison. Courteney Cox elle-même s'était déjà mariée durant la pause estivale avec David Arquette — une ancienne guest-star de la Saison Trois, dans « Celui qui avait la technique du câlin » — avec qui elle partageait la vedette de *Scream*. Pour cette saison qui commençait par « Celui qui revenait de Las Vegas », tous les acteurs ont rajouté Arquette à leur nom de famille.

La série connaissait un tel succès que de nombreuses guest-stars passaient sur le plateau, dont Reese Witherspoon dans « Celui qui sortait avec la sœur » et « Celui qui ne pouvait pas pleurer », et Ralph Lauren dans son propre rôle dans « Celui qui avait les dents blanches ». Le visiteur le plus remarquable fut celui qui partageait la vedette avec Matthew Perry dans le film à succès *Mon voisin le tueur*, Bruce Willis. Apparaissant d'abord dans « Celui qui rencontrait le père », Willis jouait le rôle du père d'Elizabeth, la jeune fille dont Ross était amoureux. D'emblée, le père d'Elizabeth s'est vivement intéressé à Rachel. Ce n'était pas la première fois que *Friends* traitait de la différence d'âge. « On dirait que je ne suis pas le seul à m'intéresser aux fossiles », déclare Ross à Rachel.

« C'était vraiment amusant d'avoir Bruce dans la série parce qu'on venait de tourner le film, raconte Perry. Il était tellement génial. Et nous, le fait que le tournage de *Friends* rende Bruce Willis nerveux, on n'en revenait pas. Nous, on était à l'aise. Voir ces supervedettes de cinéma inquiètes, c'était fascinant. »

Comme d'autres invités avant et après lui, la participation de Bruce Willis s'est faite de façon naturelle. « Bruce avait dit à Matthew que ses enfants adoraient *Friends* et que lui il aimerait beaucoup apparaître dans la série, raconte Kevin Bright. La négociation fut aisée et il a donné tout ce qu'il a gagné sur *Friends* à des œuvres caritatives. Cependant, avec toutes ces superstars de cinéma qui venaient sur le plateau, on avait peur de ne pas être à la hauteur. Mais Bruce, tout l'emballait. Il ne s'est jamais plaint de rien. Et ce qu'il y avait de génial, c'était de voir chez lui cette étincelle que le public n'avait plus vue, je crois, depuis *Clair de lune*. Il n'avait pas besoin de sauver le monde — il n'avait rien à sauver du tout. Il lui suffisait d'être un papa — un papa qui a la chance de coucher avec Rachel. »

« Bruce avait plein d'idées formidables, raconte Matt LeBlanc. Tu vois le numéro qu'il nous a fait. Sans chemise, à bander ses muscles comme un crétin devant le miroir. Rire énorme. Énorme. Bruce a vraiment cassé la baraque. »

« Il était vraiment à couper le souffle dans ce rôle », renchérit David Schwimmer.

Mais on a atteint des sommets d'émotion avec les acteurs de la série eux-mêmes, dans le double épisode, si réussi, de la fin de la saison, « Celui qui faisait sa demande ». La demande en mariage de Monica à Chandler est le moment le plus émouvant de toute la série. « Instinctivement, nous cherchons plutôt à susciter les rires, explique David Crane, mais certains moments doivent prendre toute leur ampleur. »

UN MOMENT

En dépit de toute cette émotion, Perry réussit tout de même à lâcher une des meilleures répliques de Chandler s'adressant à Ross, cet accro du mariage : « Si tu ne fais pas attention, lui dit Chandler, il y a de fortes chances pour que tu n'arrives pas du tout à te marier cette année. »

Un moment d'amour : Quand Monica s'avère trop émue pour aller au bout de sa demande en mariage, Chandler prend le relais dans « Celui qui faisait sa demande – deuxième partie ». Comme le remarque Courteney Cox, « En dépit de toutes les blagues, la relation de Monica et Chandler a un côté très romantique ». « La scène de la demande en mariage est une des meilleures qu'aient tournées Matthew et Courteney », dit pour sa part Andrew Reich, producteur exécutif de la série.

Secrets de famille : Comme Monica vient de dénoncer les joints passés de Ross, celui-ci contre-attaque en révélant à leurs parents qu'elle vit avec Chandler, dans « Celui qui s'était drogué ». Kevin Bright, producteur exécutif de la série, ne tarit pas d'éloges sur Elliott Gould et Christina Pickles, qui jouent les Geller : « Elliott est l'incarnation de Jack Geller, il est parfait. Ça accroche avec le public parce qu'il a vraiment le profil du papa : sans le vouloir, il dit des choses qui font mal. Il est touchant et authentique. Et Christina complète idéalement le tableau, parce qu'elle est entre la mère qu'on craint quand elle surgit dans l'encadrement de la porte, et celle qui aime ses enfants du plus profond d'elle-même – même si elle a du mal à le leur faire comprendre. » Et Elliott Gould ajoute : « Christina est une artiste si subtile, si sérieusement drôle. Elle donne à Judy Geller un côté hystérique qui m'aide évidemment beaucoup à rendre Jack Geller perplexe. »

La Belle et la Bête ? : Dans « Celui qui avait une jolie colocataire », Joey tente de « dégoûter » Janine, sa nouvelle colocataire, jouée par Elle MacPherson, et s'aperçoit que cela a été trop efficace. « Travailler sur le plateau de *Friends* a été l'une des expériences les plus enrichissantes de ma vie, raconte Elle MacPherson. C'était un défi énorme de jouer en public avec une équipe soudée. Je me rappelle avoir eu des difficultés avec le débit et les répliques truffées d'américanismes auxquels je ne suis pas habituée ; toute l'équipe a vraiment été patiente avec moi et m'a encouragée. Grâce à leur soutien amical, ils m'ont aidée à me détendre et à faire du mieux que je pouvais. Les observer travailler et jouer *ensemble* était impressionnant. Ce fut un moment magique ! »

Mieux vaut rire que pleurer : Jennifer Aniston et David Schwimmer rient ensemble sur le plateau de « Celui qui ne pouvait pas pleurer ». Comme le fait remarquer David Schwimmer, « la série ne serait pas si drôle si nous ne nous amusions pas tant en la faisant ».

Plaquage : Rachel et Phoebe montrent à Ross qu'elles savent affronter le danger – même s'il vient de lui – dans « Celui qui avait l'Unagi ».

david

SCHWIMMER

Interview d'adieu à F·R·I·E·N·D·S

« Schwimmer joue un rôle de prof dans la série et c'est vrai qu'on peut apprendre beaucoup de choses avec ce gars-là, dit Matt LeBlanc. David a non seulement un œil d'acteur mais aussi de réalisateur. Quand je l'ai vu, je me suis dit : **« D'accord, il a la classe. Faut faire gaffe ! »** C'est un excellent réalisateur, en partie parce qu'il s'exprime comme un acteur. Sur le plateau, on doit tous avoir une certaine spontanéité — une énergie commune qu'on retrouve dans les moindres idées — et Schwimmer possède cela. Dès le départ, il savait beaucoup de choses, entre autres combien c'était important pour nous de rester unis. »

c'est une

Si j'en crois la rumeur, il a fallu te séduire pour que tu joues dans *Friends*.

Je me souviens avoir entendu parler de la série. J'étais à Chicago en train de jouer une pièce de théâtre avec ma compagnie — *Le Maître et Marguerite*. Je pieutais chez mon pote Joey Slotnick. Leslie, mon agent, m'a téléphoné. J'avais juré de ne plus refaire de télévision parce que ma dernière expérience avait été décevante, dans une série intitulée *Monty* avec Henry Winkler.

Si je me souviens bien, *Monty* n'était pas non plus la meilleure série de Henry Winkler.

Non, non. Lui, il était génial mais l'ambiance était telle que je n'avais pas voix au chapitre. J'essayais de parler, de me faire entendre et ils disaient « ouais, ouais ». Et puis ils faisaient exactement ce qu'ils voulaient. Cette atmosphère m'avait déplu et j'avais juré de ne plus recommencer. Je pense que c'était aussi lié au fait qu'il s'agissait d'une série télé construite autour d'une star. Donc mon agent m'appelle et elle prononce les mots magiques : « Écoute, je sais que tu ne veux pas travailler pour la télé, mais regarde ça quand même. **C'est une série collective. » Ça, c'était le mot magique pour moi.** J'ai dit : « Envoie-moi le scénario. » C'était vraiment drôle. Mais j'hésitais encore. J'avais passé une audition devant les producteurs une année auparavant pour un autre pilote et je n'avais pas été retenu. C'était mon ami Johnny Silverman qui avait été pris. Mais ils devaient se souvenir de ma voix ou du personnage, parce qu'ils avaient écrit Ross avec ça en tête. Mais je ne l'ai su que bien plus tard. Et puis j'ai reçu un coup de téléphone de Robby Benson.

série collective

Certains ignorent peut-être que l'ex-idole des ados a réalisé plusieurs épisodes de *Friends*.

Oui, et il était très ami avec les producteurs. Il m'appelle et il me dit « Salut », et moi je pense « Oh ! là, là ! mais c'est Robby Benson ». Cool. Il dit : « Écoute, je sais que tu n'es pas sûr d'accepter. Mais je tiens à te dire que ces types sont géniaux. » J'étais tellement soufflé qu'ils se donnent autant de mal pour me rencontrer que j'ai accepté d'aller les voir. On a organisé une rencontre entre deux représentations. J'ai vu les producteurs, et bien sûr ils étaient impressionnants. J'ai aussi vu Jim Burrows et c'était réglé. J'ai dit : « D'accord, on s'y met. »

Dès le départ, les acteurs ont fait front commun pour leur plus grand bien. Comment avez-vous réussi un truc aussi malin et aussi efficace ?

C'est un mélange de plusieurs choses. Un des éléments, **c'est la chance : on s'est bien aimés tous les six. C'est rare.** Quand on a commencé à travailler, je ne connaissais aucun des cinq autres comédiens. Je les trouvais tous cool, plutôt drôles et vraiment charmants. Quand je démarre un boulot, j'ai un a priori favorable sur tout le monde tant que le contraire n'est pas prouvé.

Dans ce métier, ce pourrait être un parti pris dangereux.

Je sais, je sais. C'est dangereux et je me suis déjà brûlé les ailes. La deuxième chose, avec ce qui est arrivé la première année, on a un peu perdu nos repères. On ne savait plus très bien où était notre place dans le monde. Cette gloire brutale était très effrayante pour nous tous. Chacun s'en débrouillait à sa manière, mais les seuls avec qui on pouvait vraiment en discuter, c'étaient les cinq autres. **On se cramponnait les uns aux autres pour ne pas se laisser désarçonner.** C'était comme de se retrouver brusquement jeté sur des montagnes russes. Cette expérience a beaucoup contribué à nous rapprocher. Nous n'avions personne d'autre vers qui nous tourner.

Le cuir, c'est seyant : Ross découvre les menus inconvénients du pantalon en cuir, dans « Celui qui prenait de bonnes résolutions ». « Je trouve que David est un acteur comique extraordinaire, il se casse la figure et se prend des gnons comme personne. Je m'inquiète toujours du nouveau coup qu'il prépare », explique Shana Goldberg-Meehan, producteur exécutif.

Certains considèrent que, très tôt, tu as compris que l'union serait votre force.

Mon expérience de compagnie de théâtre est celle d'un processus vraiment démocratique où chacun a son mot à dire. On écoute et on entend tout le monde. Il y a des débats, des discussions, c'est très passionné, mais toujours dans le respect de l'autre. Je vais t'écouter exposer ton point de vue, je vais t'apporter la contradiction et, enfin, le vote majoritaire nous départagera. J'ai beaucoup poussé le groupe à travailler de cette manière. J'essayais de modeler notre comportement, notre fonctionnement d'équipe sur celui de ma compagnie théâtrale à Chicago. Quand NBC ou la Warner nous proposait quelque chose, genre « Vous êtes d'accord pour ci ou ça, les gars ? », on se retirait dans une salle, on en discutait, on pesait le pour et le contre, et on se décidait. Heureusement, ça a fonctionné. Ce n'est pas évident sur une période de dix ans.

Leçon de déroulé-couché : Dans « Celui qui avait la technique du câlin », Ross explique à Chandler comment faire un câlin à Janice ET se garder de la place dans le lit. « Vous êtes au lit. Elle est tout contre toi, à faire son câlin. Alors, ce qu'il faut, c'est attendre qu'elle s'abandonne au sommeil et là, tu la serres contre toi et tu roules sur elle en douceur, presque jusque de l'autre côté du lit. Ensuite seulement, tu déroules tout doucement. » Réaction de Chandler : « Ah ouais, le vieux coup à la sournoise. Très bien ; encore une question : t'as remplacé la fille par le coussin, là ? »

« Matt Perry est intrinsèquement drôle. »

Une de perdue, cinq toujours là : Le groupe console Ross après sa rupture avec Emily dans « Celui qui a du mal à se taire ». Rachel lui demande : « Est-ce qu'on peut faire quelque chose ? » Et Ross de répondre : « Oui, vous pouvez m'aider à récupérer mes meubles chez Gunther. »

« Les producteurs ont été parfaits. »

C'est l'intention qui compte : Ross fait un bras d'honneur à Rachel sans le lui faire dans « Celui qui avait une nouvelle copine ».

Ça a vraiment fonctionné ?

Il y a bien eu quelques dérapages, mais dans l'ensemble nous avons bien fonctionné. Le succès de ma compagnie théâtrale à Chicago m'avait appris que c'était une bonne méthode. **Mais je ne m'étais pas rendu compte du pouvoir que cela allait nous donner pour nos négociations.** Nous n'avions rien prémédité. C'est tombé comme ça, c'est tout.

Dans bien des séries, les acteurs sont divisés et parfois même écrasés.

C'est ce qui se passe la plupart du temps. Même l'équipe de *Seinfeld* — j'ai entendu dire que les trois acteurs principaux n'arrivaient pas à décider s'ils étaient prêts à recommencer. Ce n'est pas facile. Les gens ont leur vie, leur famille, et avec le temps les données changent. Les êtres humains sont par définition changeants.

Venir d'une famille de juristes a-t-il contribué à t'apprendre de telles choses ?

Mon grand-père était avocat, mes parents sont avocats et ma sœur est avocate. Je suis sûr que ça aide, parce que j'ai grandi dans une atmosphère de discussion raisonnée et de compréhension des techniques de négociation. Je n'imaginais pas utiliser ces années d'entraînement plus tard, ni que toutes ces conversations familiales finiraient par servir à quelque chose.

Maintenant que *Friends* est terminé, je sais que tu vas travailler comme producteur/réalisateur, derrière la caméra, en plus de ton travail d'acteur. Alors, de producteur à producteur, considères-tu que Bright Kauffman Crane ont largement contribué à cette success-story ?

Évidemment. Même s'ils ont commis aussi des erreurs, mais pas tant que ça. Nous sommes tous faillibles. Nous avons tous fait des faux pas au cours de notre carrière. Mais la première chose dont je les

Ça déménage ! : Rachel et Ross tentent de faire passer le canapé de celui-ci par la cage d'escalier dans « Celui qui enviait ses amis ». « David possède ce talent rare de pousser les choses très loin tout en les gardant réalistes et drôles », explique Andrew Reich, producteur exécutif.

Des Friends très liés : Ross et Joey se cramponnent l'un à l'autre après être restés coincés sur le toit dans « Celui qui a passé la nuit debout ». Ross lâche tout lorsque Joey lui annonce que son pantalon est en train de glisser et qu'il ne porte aucun sous-vêtement.

remercie, c'est d'avoir été si immensément présents. Quand, à certaines périodes, ils l'étaient moins — lorsqu'ils travaillaient sur d'autres séries —, je crois que nous le ressentions très fort. La série en souffrait parce que ce sont des génies. Ils sont vraiment doués. Mais les coups de pompe, ça existe. Tous les acteurs — et tous ceux qui ont participé à la série — en ont sans doute fait l'expérience. Heureusement, pas au même moment. Il leur arrivait sans doute d'être à court d'idées, complètement épuisés, et il fallait prendre du recul. Eux aussi, ils avaient une famille et une vie ailleurs. Il faut leur reconnaître qu'ils ont toujours su s'entourer de gens formidables — d'autres auteurs qui ont donné à la série une nouvelle vie, une nouvelle énergie, un nouvel humour.

Avec les négociations et tous ceux qui y étaient impliqués – la Warner, NBC –, la tension est-elle montée ?

Cela n'a jamais été un lieu de travail hostile. Parfois — pendant une des grandes renégociations, il y a un petit moment — c'était vraiment tendu. Et même désagréable, parce que notre boulot, c'est de venir sur le plateau et d'être drôles. Ce qui est difficile quand on vous a posé un ultimatum — « Vous avez jusqu'à six heures pour réagir, c'est ça ou rien ». Ensuite, sortir, se maquiller et être drôle, c'est pas évident. On l'a fait, mais ce n'est pas la meilleure manière de travailler. À cette époque-là, on avait le sentiment de vivre dans le mensonge. Certaines dates butoirs — décisions tactiques et négociations — tombaient pile-poil aux pires moments — par exemple, un vendredi soir en plein spectacle. Mon attitude, c'était de dire ayez au moins le respect de ce que nous sommes en train de créer. Nous sommes au beau milieu du tournage, pour vous. Je crois qu'une fois on a dû faire attendre le public une heure parce que nous étions en pleine discussion. J'étais très en colère. Mais il faut le reconnaître, personne n'a jamais pris ça comme une attaque person-

Bombe à retardement : Ross découvre le message d'Emily qui propose qu'ils se revoient alors qu'elle se marie le lendemain, dans « Celui qui sauvait des vies ».

Direction sur mesure : David Schwimmer, qui a réalisé plusieurs épisodes de *Friends*, discute avec Roger Christiansen et Kevin Bright sur le plateau de « Celui qui retrouvait son rôle ».

populaire

nelle. C'était le grand risque. J'espère que les producteurs n'ont jamais pris les choses personnellement. En ce qui me concerne, c'est clair que non.

Les affaires, c'est les affaires.

Parce que je viens d'une famille d'avocats, je considère qu'il s'agit strictement de relations professionnelles. Je ne m'implique pas là-dedans de façon affective, en tout cas moins que d'autres. Voilà, ce que vous, vous voulez, et voilà ce que, nous, nous voulons. Voilà votre tactique, voilà la nôtre. C'est le travail et ça n'a rien de personnel. L'avantage qu'ont les studios sur les acteurs, c'est qu'en général le travail ne tient pas sur leur personne. Jamais. Pour les acteurs, les auteurs ou les réalisateurs, c'est une affaire de personne. Allez, assez parlé des négociations.

Quand as-tu vraiment compris que tu étais partie prenante d'un phénomène qui dépassait la série à succès ?

Il a fallu au moins trois ou quatre ans de *Friends* pour que je comprenne enfin. Un de mes professeurs m'a dit : **« Vous vous rendez compte que vous appartenez désormais à la culture populaire. »** Je crois que c'était la quatrième année. J'ai fait les calculs. J'ai compris que ce qu'avait été *Happy Days* pour une génération ou *All in the Family* pour ma génération, *Friends* pourrait l'être pour une autre. Et c'était plutôt cool.

Intervention judicieuse : Dans « Celui qui perdait sa belle assurance », Ross doit affronter les conséquences du fait que Rachel et lui sont toujours mariés. Celle-ci fait irruption dans sa classe alors qu'il essaie d'impressionner ses étudiants, et hurle : « Ross, t'es devenu complètement dingue ? J'apprends que je suis toujours ta femme ! Tu avais décidé de ne jamais me le dire ! Mais enfin, ça va pas, tu tournes pas rond, non ? Oh, je ne sais pas ce qui me retient de te tuer ! »

« On s'est tout de suite sentis frère et sœur. »

En dehors de l'humour, qu'est-ce que les spectateurs apprécient particulièrement dans cette série ?

Je crois que **le succès de *Friends* ne tient pas seulement au fait que c'est drôle, mais au fait que ces personnages ont vraiment du cœur** — ils s'aiment et ils ont besoin les uns des autres, comme une famille. C'est un spectacle bourré d'amour, depuis les idylles jusqu'à l'histoire de Ross et Rachel qui date de la fac et qui dure. C'est très différent de *All in the Family*, en ce sens que ce n'est pas une série à thèmes. Cela n'a jamais été dans les projets des scénaristes. Mais il s'en dégage une émotion tout aussi forte.

Tu as dirigé une compagnie théâtrale. Les acteurs de *Friends*, où situes-tu leur force ?

En me posant cette question, tu sais qu'il m'est très difficile de séparer l'acteur de la personne.

C'est également difficile pour les fans.

J'en suis persuadé. Avec Courteney, par exemple, la première chose qui me vient à l'esprit, **c'est son extraordinaire générosité et son bon cœur.** En tant que comédienne et en tant que personne, elle est généreuse. Et ça se voit dans son jeu. Il y a une vraie douceur omniprésente — tant dans sa personnalité que dans son personnage. Elle n'a rien de névrosé, elle optimise les situations. On s'en aperçoit chaque fois qu'elle termine un nouveau projet. Je n'ai rencontré personne de plus organisé. Elle peut jongler avec énormément de choses, déléguer ses responsabilités en sachant exactement ce qu'elle veut. Elle a vraiment pris cette facette de sa personnalité pour l'offrir à Monica. Combine ça avec son incroyable générosité et tu te retrouves avec cette magnifique contradiction en marche, tant chez Courteney que chez Monica.

Et elle a justement une si belle démarche.

Tût-tût ! : La voiture rouge de Ross est un peu coincée dans « Ceux qui avaient 30 ans ».

Ceux qui ont oublié les années 1980 sont condamnés à les revivre : Ross et Chandler de retour du lycée au temps de leur gloire passée dans « Celui qui avait des souvenirs difficiles à avaler ».

vraiment du cœur

Souvenirs pastel : On se remémore l'enfance dans le garage des Geller dans « Celui qui a vu mourir Rosita ».

travailler dur

C'est bien vrai. Elle n'est pas désagréable à regarder.

Tu as eu du mal au début à te placer sur un plan fraternel, alors qu'elle est tellement séduisante ?

Non. Je ne sais pas pourquoi. Peut-être parce qu'il y a quelque chose chez elle qui me rappelle ma sœur, mais en tout cas, je me suis senti à l'aise d'emblée. Tout de suite, j'ai eu des sentiments fraternels vis-à-vis de Courteney. Non, c'était vraiment facile.

D'accord, et Lisa, qu'a-t-elle apporté à la bande ?

Lisa a l'esprit aiguisé comme une lame de rasoir. Un instinct impeccable et je ne sais même pas si elle se rend compte à quel point elle est drôle. Elle est désopilante et, si je puis me permettre, tout à fait sexy.

Les joies de la paternité : Ross termine avec un pouce cassé après avoir visé Joey mais rencontré un poteau métallique. Encore un coup dur pour lui après avoir déjà appris que Joey a malencontreusement laissé croire à Rachel qu'il la demandait en mariage, dans « Celui qui acceptait sa mutation ».

D'accord, et Matt LeBlanc ?

J'ai toujours considéré LeBlanc comme un de ces types qu'il est bon de connaître. Il a l'esprit d'un bâtisseur. C'est ce qu'il est, un ouvrier, et ça me plaît bien. Même si je sors de la middle-class, ma compagnie théâtrale à Chicago me donne le sentiment d'en être également un. Nous construisons nos décors, nous les peignons, nous réalisons les costumes, nous arrangeons le théâtre — à vrai dire, nous l'avons construit nous-mêmes. J'ai vraiment vu ça chez LeBlanc. Il est toujours là quand il faut. Premier arrivé, dernier parti. Il est là pour bosser et il se donne à fond ; si on rate un barreau de l'échelle, il est là pour vous rattraper par la ceinture et vous remettre d'aplomb. Matt est tellement solide. C'est l'acteur de la série qui s'est le plus amélioré. Il a trouvé tellement de couches et de nuances pour son personnage, qui, à l'origine, n'était qu'un rôle de plaisantin unidimensionnel. Matt a tant de cœur et tant de bonté que je suis heureux si, enfin, ces deux dernières années, il a pu bénéficier de la reconnaissance qu'il mérite, parce que c'est un excellent acteur.

Matthew Perry maintenant ?

Matt Perry est intrinsèquement drôle. Il parle sans arrêt et 85 à 90 % de ce qu'il raconte est drôle.

Un pourcentage très élevé !

Oui, il a vraiment allégé l'atmosphère des tournages. Qu'on soit sur le plateau ou dehors, il lâche toujours quelque chose de drôle. Quand certaines blagues tombaient à plat pendant l'enregistrement, Matthew avait toujours une proposition à faire, que les scénaristes adoptaient ou non. Je dirais qu'à 50 % ils l'adoptaient. **Il ne pense qu'à être amusant.**

C'est une bombe comique à tête chercheuse ?

C'est exactement ça. Il a une éthique professionnelle magnifique. Il travaille dur. Et pour moi, **on ne peut que travailler dur. C'est la règle,** d'abord à cause de tout l'argent qu'on gagne et puis des fans de la série. Ce n'est pas facile de trouver du nouveau à se mettre sous la dent. Il faut travailler dur pour ne pas se répéter.

Tu ne m'as pas parlé de ce qui te frappe chez Jennifer Aniston ?

Je la gardais pour la bonne bouche. Elle est incroyable. **Elle ressemble à Lucille Ball – une des meilleures comédiennes de tous les temps.**

Et entre Ross et toi ? Comment c'était de jouer ce rôle pendant dix ans ?

« Elle est incroyable. »

L'amour est aveugle : Dans « Celui qui découvrait sa paternité », Ross aide Rachel à repérer leur enfant lors de la première échographie.

Jeux d'adultes : Ross et Ben entrent à l'instant où Phoebe exprime sa déconvenue de façon virulente face au jeu Pacman dans « Celui qui passait une soirée avec Rachel ». Pour Cole Mitchell Sprouse, qui joue Ben, le fils de Ross, « Ils étaient un peu comme des grands enfants ; même s'ils n'avaient pas mon âge, c'était drôle. J'ai aimé travailler avec tous, mais la plupart de mes scènes étaient avec David Schwimmer et Jennifer Aniston, donc j'ai passé beaucoup de temps avec eux. David était cool. Une fois je suis allé dans sa loge, il avait des jeux vidéo et il m'a laissé jouer avec. »

Et le gagnant est... : Le numéro complémentaire permet au groupe de gagner 3 petits dollars, dans « Celui qui devait gagner à la loterie ».

Avec lui, j'ai une relation amour-haine. Mais c'est intéressant parce que **pour survivre dans la vie de tous les jours, il me faut bien oublier que j'apparais dans une série télévisée.** Je m'en souviens si quelqu'un s'avance vers moi en m'appelant Ross. Ah oui ! je passe à la télé. Heureusement, je suis capable de me réveiller tous les matins en ayant complètement oublié. Je ne sais pas comment les autres se débrouillent, mais moi je n'y pense même pas tant que je ne suis pas sur le plateau. Là, j'enfile ma défroque et je deviens le personnage. Là, il faut être créatif : pas évident d'être drôle. De faire des choses inédites sans perdre de vue la drôlerie du personnage et ma fonction dans le groupe de six.

Comment as-tu réagi à ce phénomène de saturation dont *Friends* a fait les frais pendant la Saison Deux ?

Je l'ai très mal pris. D'autant que j'en ai souffert directement, parce qu'à l'époque j'essayais de lancer un film, mon premier film.

The Pallbearer ?

Oui. Il est sorti en plein milieu de cette histoire et il en a souffert. Nous étions brusquement cernés par une presse malveillante et c'était sévère. Mais surtout, je crois que ça m'a déstabilisé et fait mal. Je l'ai pris sur le plan personnel. Et je l'ai mal pris parce que nous faisions simplement notre boulot. On était des mômes. On avait une vingtaine d'années — nous ne savions pas tellement ce que nous faisions. Nous faisions ce qu'on nous demandait — des séances photo pour promouvoir la série. Promotion, promotion, promotion, tel était le mot d'ordre. C'était notre boulot. On se défonçait et puis brusquement, sans qu'on ait rien compris, une vraie claque dans la figure. On en a marre de *Friends*. Ras-le-bol. On se dit : « Mais qu'est-ce que c'est que ce bordel ? Qu'est-ce qu'on a fait de

Ce n'est qu'un au revoir : Ross épie les réactions éplorées qui accompagnent son « service funèbre » dans « Celui qui envoyait des e-mails ».

oublier

Trouver les mots justes : Dans « Celui qui faisait rire sa fille », Ross fait donc rire Emma, mais c'est en lui chantant « J'aime les belles fesses », ce qui n'enthousiasme pas Rachel.

Ronfleurus Rex : Déterminé à être désigné comme le principal conférencier d'un séminaire de paléontologie, Ross se montre si captivant que le professeur Sherman succombe et s'endort dans « Celui qui avait besoin d'un donneur ».

mal ? Notre crime, c'est d'être drôles ? » Maintenant, évidemment, je comprends. À une époque, nous six, on a ressenti exactement la même chose que la presse et le public — j'en avais ma claque de nous. La chanson du générique était partout, on était omniprésents et on nous poussait dans d'innombrables produits dérivés.

Cette expérience, quel a été son côté le plus positif pour toi ? Nous savons tous que ça a payé quelques factures.

Être partie prenante, même de façon minuscule, de l'histoire — ce qui va devenir l'histoire américaine ou du moins l'histoire de la culture populaire. Et vraiment, ce qui compte le plus, c'est quand quelqu'un s'avance vers moi et me dit : « Ma fille est à l'hôpital. Elle regarde votre série. C'est la seule chose qui lui fasse plaisir. Ça va l'aider à s'en sortir. » C'est géant, tu vois ce que je veux dire ? Savoir que tu influences et peut-être même que tu améliores l'existence de tant de gens que tu ne connaîtras jamais. C'est le côté le plus positif — aider les gens à vivre. Si nous leur offrons une demi-heure loin de leurs soucis, alors c'est bien.

Comment as-tu réagi à la remontée de l'audience après le 11 septembre ?

Ça a redonné du sens à ce que nous faisions. Toute l'équipe en a profité. Nous étions fiers de notre travail. Ça nous donnait envie de continuer.

Et maintenant que *Friends* est terminé, que faire de ses jeudis soir ?

Puisque LeBlanc est un ami, je conseille vivement de regarder *Joey*. J'espère que ça se passera bien parce qu'il le mérite et c'est un type formidable. J'espère aussi qu'on le protégera avec de bons scénaristes ; Kevin Bright est dans l'affaire, alors je suis tranquille. Surtout, à mon humble avis, il faut l'entourer d'une bonne équipe de comédiens pour que tout ne repose pas sur ses épaules. Je lui souhaite tout le bonheur du monde. Je viendrai peut-être.

Joyeuses fêtes ! : Dans « Celui qui se déguisait », Ross a promis à son fils Ben que le Père Noël viendrait le voir, mais la boutique de déguisements était en rupture de stock ; il débarque donc costumé en Gentil Tatou des Fêtes avec un sac plein de cadeaux.

La chaise d'Archie Bunker a fini au Smithsonian. Tu es prêt à ce que le canapé du Central Perk connaisse le même destin ?

Quand les gens visitent le décor pour la première fois, j'y pense. Quand les gosses voient le canapé, ils sont ébahis. Ça les surprend qu'on puisse s'asseoir dessus et que les décors soient tous côte à côte. Le Smithsonian, ce serait cool.

As-tu réfléchi à la manière dont tu voudrais que *Friends* s'achève ?

Je voudrais bien que ça se termine avec nous six assis en train de rire et de manger des glaces. Aux scénaristes de décider des parfums.

Baby love : Dans « Celui qui n'avait demandé personne en mariage », Rachel finit par réussir à nourrir Emma au sein. Elle décide avec Ross qu'il est temps de « reparler de nous ».

un succès

historique

SAISON SEPT

UN MARIAGE, TOUT

adore ça, non ? Surtout, la Saison Sept est la longue marche vers l'autel de Monica et Chandler

Dans le premier épisode de la saison, « Celui qui croyait faire jeune », la bande apprend la nouvelle d'un mariage imminent, avec Phoebe qui s'obstine à vouloir jouer une marche nuptiale de sa composition, et Rachel prête à vivre ses fantasmes. D'un bout à l'autre de la saison, les cloches sonnent, en grande partie grâce à Monica, la folle de la prévision. Différentes questions autour du mariage sont disséquées dans des épisodes comme « Celui qui réglait le mariage », « Celui qui avait toujours l'air bizarre », « Celui qui aimait les petites siestes », « Celui qui savait la vérité sur Londres » et « Celui qui voyait la robe de mariée ».

« Eh, qui pourrait le lui reprocher ? demande Courteney Cox. Allez, quelle femme n'a pas envie d'organiser son mariage à la télé ? »

« C'était une jolie histoire et de la bonne télé », affirme David Crane.

Rien d'étonnant, donc, à ce que la Saison Sept — qui s'achève avec « Celui qui a épousé Monica — première et deuxième parties » — accueille beaucoup d'invités célèbres. Parmi eux, Kathleen Turner, qui a marqué les esprits dans le rôle du père de Chandler. « Tous les jeunes gens grandissent en mourant d'envie que Kathleen Turner joue leur père ! » dit Matthew Perry. Hank Azaria — qu'on n'avait plus revu dans *Friends* depuis la Saison Une — revient comme béguin savant de Phoebe dans « Celui qui aimait les cheesecakes ». Kristin Davis, de *Sex & the City* — une autre série qui parle d'amis à New York —, passe sur la scène de *Friends* dans « Celui qui avait un livre à la bibliothèque ». Jason Alexander, de *Seinfeld* — que Marta Kauffman et David Crane ont connu à l'époque où ils faisaient du théâtre à New York —, a ajouté une note comique dans « Celui qui a vu mourir Rosita ». Gary Oldman a joué un vibrion opposé à Matt LeBlanc juste avant le mariage. « J'étais inconditionnel de son talent dramatique, mais son jeu comique est magnifique », dit Schwimmer. Eddie Cahill, de *Felicity*, a fait une grosse impression, particulièrement sur les dames, dans le rôle de Tag, l'assistant de Rachel, qu'on voit apparaître dans « Celui qui retrouvait son rôle » — un des meilleurs épisodes de la saison et un des deux réalisés par David Schwimmer en personne. « David est un réalisateur fabuleux, dit Kevin Bright. Il a des idées géniales et les acteurs le respectent. »

Si les guest-stars de la saison paraissaient d'abord nerveuses, elles s'en sont magnifiquement sorties, comme Susan Sarandon qui joue Cecilia Monroe, la diva du soap *Days of our Lives*. « Je suis un fan de Susan Sarandon depuis *The Rocky Horror Picture Show* — oubliez le *Rocky Horror*, depuis *Joe* —, dit Kevin Bright. Et puis il y a *Atlantic City*, *Thelma et Louise*, *Dead Man Walking*. Une femme authentiquement impressionnante. Nous avons fini par comprendre que les guest-stars avaient bien plus peur de nous que nous d'elles. La présence du public la rendait nerveuse, mais ça l'a rassurée que sa fille ait également un petit rôle. Savoir sa fille dans les parages, ça lui facilitait la vie. Elle était géniale. »

De même, Winona Ryder dans « Celui qui fantasmait sur le baiser » a été « une vraie révélation

LE MONDE

raconte Matt LeBlanc. Au début, on aurait dit une biche prise dans la lumière des phares, elle était vraiment nerveuse. Et puis quand les caméras se sont mises à tourner, quelle pro. La moindre nuance était juste. Elle était parfaite et elle m'a beaucoup impressionné. Observer dans le détail à quel point certains de ces gens sont doués, c'est extraordinaire. »

Pour Matthew Perry, sur un plan personnel, la fin de la Saison Sept a été particulièrement difficile, mais, somme toute, il n'en a pas un mauvais souvenir. « J'ai eu de la chance d'épouser Courteney Cox, dit-il, même à la télé. »

Oh, le gros gâteau ! : L'équipe et le trio Kevin Bright-Marta Kauffman-David Crane réunis sur le plateau pour franchir la barre des 150 épisodes.

Grillé ! : Dans « Celui qui avait un livre à la bibliothèque », Ross est surpris en flagrant délit avec une femme charmante, dans la section où se trouve sa thèse. Il s'était posté là pour faire cesser les ébats d'un autre couple, mais a fini par « le » faire lui-même avec une lectrice, jouée par Sarah O'Hare. Pour elle, « Participer à *Friends* a été une expérience fantastique, quasi mystique. Je suis fan de cette série depuis des années, et se retrouver soudain en plein dedans était vraiment étrange ! David Schwimmer a mis en scène mon épisode et j'ai adoré travailler avec lui, comme avec le reste du groupe. Une chose qui m'a bluffée, c'est que chacun connaissait parfaitement son texte et que je n'ai vu personne jeter un seul coup d'œil au scénario. »

Honneur aux demoiselles : Dans « Celui qui aimait les petites siestes », Monica emmène Rachel et Phoebe bruncher pour décider qui sera sa demoiselle d'honneur.

Monica et le Père Noël sont amoureux : Dans « Celui qui se déguisait », lorsque Chandler revêt ce charmant costume, Monica ressent l'esprit de Noël au plus profond de sa chair.

Appel au secours : À son premier appel en tant que démarcheuse, Phoebe tombe sur un chef de service désespéré, joué par Jason Alexander, qui veut en finir avec la vie. Phoebe le débusque et tente de l'arracher au suicide dans « Celui qui a vu mourir Rosita ».

La révélation à Tag : Tag vient juste de comprendre que Rachel a le béguin pour lui dans « Celui qui n'aimait pas les chiens ». Eddie Cahill, qui joue Tag, se souvient : « Lorsque j'ai été engagé, je savais qu'il était possible que Tag et Rachel sortent ensemble, mais ce n'était pas certain. Pour tout dire, cette éventualité était incroyablement excitante. »

À nous deux Hannukah ! : Ross tente en vain d'intéresser Ben aux joies de la foi dans « Celui qui se déguisait ». Pour Cole Mitchell Sprouse, qui joue Ben, de tous les épisodes auxquels il a participé, celui-ci a été le meilleur : « J'ai bien aimé que tout le monde se déguise. »

Tiercé gagnant : Les producteurs exécutifs David Crane, Marta Kauffman et Kevin Bright trônent sur le célèbre canapé orange du Central Perk. Pour Lisa Kudrow, « Nous six ne serions rien sans eux trois ».

BRIGHT KAUFFMAN CRANE

Interview d'adieu à F·R·I·E·N·D·S

« C'est difficile de mettre en avant ce que Bright Kauffman Crane ont fait de bien, parce que **tout ce qu'ils ont fait est bien.** Ils ont réalisé une série de grande qualité et ils ont réussi à la faire durer. Marta et David se sont assurés que l'équipe de scénaristes était toujours la meilleure du monde, année après année. Et, avec Kevin, ils se sont toujours battus pour que cette série continue à être un sujet de fierté pour nous tous qui l'avons réalisée ensemble. » *— Matthew Perry*

Kevin Bright

D'après toi, comment a démarré *Friends* ?

Il existe une chanson qui s'appelle « Closing Time » dans laquelle on dit « Chaque début est issu de la fin d'un autre début ». **Le début de *Friends*, ce fut la fin de *Family Album*.** Cette série est passée sur CBS… au moins pendant six épisodes.

Et quand *Album* s'est fait rétamer ?

Lorsque nous nous sommes associés, Marta, David et moi, nous avions convenu que le seul type de série dont nous ne voulions pas, c'était la sitcom classique « famille dans son salon ». Et puis CBS nous a poussés à faire *Family Album* et on a appris qu'à la télévision il ne faut jamais dire jamais. Quand *Family Album* a été annulé, **nous étions déterminés : à l'avenir, nous voulions faire quelque chose lié à notre expérience, quelque chose d'important pour nous.** En novembre 1993, David et Marta m'ont proposé une nouvelle idée de série. La précédente, *Dream On*, parlait d'un homme d'âge mûr qui divorçait et se retrouvait obligé de se remettre sur le marché de la séduction. Ce qui les intéressait à présent, c'était l'étape précédente : on a 20 ans et on quitte ses parents pour vivre sa vie. C'est l'époque où les amis deviennent une famille de substitution. Voilà le début de *Friends*.

D'après toi, pourquoi votre trio a-t-il marché ?

Notre trio a évolué à travers l'incroyable expérience du travail collectif sur *Dream On*. Avant *Dream On*, David et Marta avaient travaillé sur des spectacles musicaux et moi, dans les variétés à la télévision durant treize ans.

la passion

D'un point de vue professionnel, nous avions des expériences parfaitement complémentaires. Pas d'ego encombrant mais beaucoup de passion. En cas de désaccord, la passion arbitrait. En outre, nous nous aimions bien et nous savions à quel point c'est rare de travailler avec des gens que l'on respecte et dont on apprécie la compagnie ; nous avons donc décidé de persister et c'est ce qu'on a fait.

La division du travail s'est-elle faite naturellement ?

Tout s'est passé sans anicroches. Mes responsabilités, c'étaient la gestion, la production, la post-production et la réalisation. David avait toujours eu un penchant pour l'écriture et Marta était partagée entre l'écriture, la production, être sur la scène avec les acteurs, démêler les problèmes de scripts. **Le secret de notre relation professionnelle, c'est notre capacité à nous remettre en question mutuellement, ce qui a toujours débouché sur une amélioration de la série et de nos personnes.**

Tu travailles pour la télévision depuis suffisamment longtemps pour savoir que la vaste majorité des séries est un échec. Pourquoi ça a marché pour *Friends* ?

L'époque, le talent et la chance. Quand *Friends* a été diffusé en septembre 1994, aucune autre série sur l'ensemble des chaînes parlait des gens de 20 ans et je crois que le public était prêt pour quelque chose de nouveau. Et puis, nous avons trouvé ces six acteurs incroyables dont le talent et le charisme ont tiré la série vers le haut. Une fois qu'on les avait trouvés, il a fallu les faire signer, ce qui nous a donné du fil à retordre à cause des strictes limites budgétaires que nous avions sur *Friends* la première année.

arbitrait

Génie au travail : Kevin Bright jette un œil sur le script avant de mettre en scène un nouvel épisode de la Saison Neuf. « Le secret, c'est de se rappeler que cette série repose sur la relation entre les personnages. »

Entre pros : David Schwimmer et Kevin Bright sur le tournage de « Ceux qui passaient leur dernière nuit ».

Il me semble avoir lu quelque part qu'ils ont obtenu des augmentations depuis.

Oui, je crois que tout le monde est au courant. Pour en revenir au début, Jennifer et Matthew avaient déjà fait des pilotes cette saison-là, et évidemment on n'était pas prioritaires. Donc, en enregistrant notre pilote avec Jennifer et Matthew, nous prenions le risque calculé de les voir partir. Si les deux autres pilotes marchaient, on les perdait. Heureusement pour nous, ils n'ont pas marché. Notre chance a continué quand Jim Burrows a voulu réaliser. Jimmy, c'est le roi des pilotes de comédies télévisées et avoir le réalisateur de *Cheers* et de *Taxi* dans notre équipe n'a fait qu'augmenter la confiance de NBC.

La chaîne se posait encore des questions ?

Au début, la série leur posait un certain nombre de problèmes. **Le public de NBC était-il prêt pour une série qui ne parlait que de gens de 20 ans qui traînaient dans un café ? Ils étaient très inquiets à l'idée que personne ne comprenne ce qu'était ce café.** Dans le Midwest, qu'est-ce qu'on en penserait ? C'était avant que Starbucks ne s'installe dans tout le pays, alors ils auraient préféré une cafétéria comme dans *Seinfeld*. Ce qui les gênait aussi, c'était qu'il n'y avait aucun personnage permanent plus âgé auquel les plus de 49 ans auraient pu s'identifier. Ils ont essayé de nous persuader de mettre un facteur ou un flic qui, dans sa tournée, viendrait donner des bons conseils aux jeunes quand ils auraient des problèmes. **Ils ont fini par accepter le café et se passer du personnage plus âgé.**

La chaîne a-t-elle soutenu votre casting ?

Nous avons amené douze ou treize acteurs

rythme soutenu

à la chaîne et une fois les auditions terminées, l'attribution des rôles n'a soulevé aucun problème. Le seul sur lequel nous étions absolument décidés avant même d'aller voir la chaîne, c'était David Schwimmer. Sur un de nos pilotes qui s'appelait *Couples*, il avait perdu un rôle au bénéfice de son ami Jonathan Silverman, mais quand Marta et David ont commencé à écrire Ross, ils avaient déjà David Schwimmer en tête. Et puis Lisa Kudrow est venue. Nous adorions déjà son personnage d'Ursula dans *Mad About You* et nous l'avons adorée aussi en Phoebe.

Qui a été le suivant ?

Le rôle de Chandler a été proposé à Craig Bierko, mais il l'a refusé. Ce qui est amusant, c'est que Matthew Perry était ami avec Craig Bierko et l'avait aidé à répéter le rôle en se disant tout le temps : « C'est moi. C'est vraiment moi. » Alors, après que Craig a refusé, Matthew s'est présenté et Chandler, c'était lui. Il le savait déjà. Il était le rôle. Ensuite, nous avons rencontré Courteney. Nous la connaissions de *Family Ties* et nous pensions qu'elle était une parfaite Rachel. Courteney a dit : « Non, je ne veux pas du rôle de Rachel. Je suis Monica. » Et elle avait raison. Après, on a eu du mal à trouver notre Rachel. Jusqu'à ce que Jennifer vienne la sortir du sac. Même si on ne voyait pas beaucoup Joey dans le scénario du pilote, Matt LeBlanc a réussi à le faire vivre durant l'audition. Nous avions enfin nos six acteurs.

Comment avez-vous vécu cette recherche ?

C'était d'abord très frustrant. À l'époque, à la télévision, il n'y avait pas tant de rôles pour les gens de 20 ans et pourtant nous avons vu des centaines d'acteurs. On se demandait : « Où sont ceux qui vont nous faire rire ? » Barbara Miller, la responsable casting de la Warner, disait souvent **« Dieu ne donne pas à deux mains ».** Ça voulait dire qu'on trouverait des acteurs drôles ou séduisants mais qu'on aurait du mal à en trouver six cumulant les deux. Après David Schwimmer, je me souviens avoir accumulé séance sur séance avec Marta pendant un mois sans trouver personne. On commençait à se dire que le problème, c'était le scénario, pas les acteurs. Et puis, on est tombés sur Lisa. Ça nous a regonflé le moral. **Une fois les acteurs choisis, dès la première répétition, on a eu l'impression qu'ils travaillaient ensemble depuis cinq ans.** Ça arrive que Dieu donne des deux mains.

Aviez-vous conscience, après le pilote, de tenir quelque chose d'intéressant ?

NBC n'était que modérément enthousiaste au début. Don Ohlmeyer, le président de NBC Entertainment à l'époque, émettait des réserves sur le pilote et surtout sur Monica. En couchant avec un garçon dès leur premier rendez-vous, le personnage perdait le respect du public et elle serait perçue comme une traînée. Don n'en démordait pas et il voulait vraiment qu'on change. Le compromis, ce fut de faire passer un questionnaire dans le public, qui demandait en gros : « Monica couche avec un homme dès le premier rendez-vous ; considérez-vous que c'est : a) une traînée ; b) une pute ; c) une marie-couche-toi-là ou d) ça ne vous pose aucun problème ? » Le public a répondu de façon unanime que ça ne posait aucun problème. Une fois cet obstacle franchi, on a testé la série sur des groupes ciblés. Les tests n'étaient pas extraordinaires, mais NBC a prouvé sa confiance en programmant *Friends* dans la tranche convoitée du jeudi soir après *Mad About You*.

Comment décrirais-tu l'allure généralement rapide de *Friends* que Marta qualifie de « surcaféiné » ?

Je crois que Marta et David ont établi cette allure afin de pouvoir servir les six personnages équitablement. Traditionnellement, la plupart des sitcoms ont une histoire A et une histoire B, mais avec *Friends* on a ajouté une histoire C. Ce qui change tout. Pour avoir trois histoires, il faut bien accélérer la narration. **En passant rapidement et souvent d'une histoire à l'autre, on a créé un rythme dans le montage qui rend *Friends* unique.**

Comment dirais-tu que vous avez réagi face à la gloire, tous autant que vous êtes, quand elle est arrivée ?

Ayant connu l'échec peu de temps avant, on a pu apprécier le succès. Plus agréable que de se retrouver déprogrammés. Le succès, c'est cool, mais en même temps on peut vite en sentir la pesanteur. En tout cas, les acteurs. Je me souviens qu'au début, une fois la série programmée, Matthew Perry était fasciné par le concept de célébrité. Il allait exprès dans des endroits publics pour voir si on le reconnaissait. Au début, ça marchait pas fort et puis, quand la série a chauffé, ça a changé — et même sacrément — et là, Matthew et les autres ne pouvaient plus sortir. Malheureusement, il y a eu toutes ces couvertures de magazine, tous ces bavardages sur la coiffure de Rachel et la goutte d'eau qui a fait déborder le vase — la campagne pour le Coca Light. On peut dire que la gloire est venue nous mordre les fesses. Mais une fois tout cela dépassé, on est revenus à la série et tout était de nouveau génial.

Tes associés et toi, vous avez particulièrement favorisé la carrière cinématographique de vos stars. Pourquoi ?

À la télévision, les séries perdent toujours leurs acteurs d'origine ; par exemple, Shelley Long a quitté *Cheers* au bout de deux ans. Cela se produit généralement parce que les acteurs sont contraints de choisir entre le cinéma ou la télévision. Nous ne voulions pas de cela pour *Friends*. **Alors, pour garder nos acteurs, nous avons accepté qu'ils fassent autre chose.** Sur le coup, c'était dérangeant. Si un des acteurs était absent la semaine de tournage parce qu'il jouait dans un film, on était obligés de reprendre ses scènes plus tard. Dans ce cas, on n'était plus dans le mouvement du spectacle et on a mis du temps à s'y habituer. Mais on a fini par s'y faire et tout roulait. Sauf pour les acteurs ; eux, ils voulaient faire autre chose, mais le public avait du mal à les différencier de leurs personnages. Dans *The Pallbearer*, c'était David Schwimmer, pas Ross. C'est injuste, mais je crois qu'ils ont tous réussi à dépasser ça. Je me souviens, lorsque *Sexe et autres complications* est sorti, ce que faisait Lisa à l'écran était à l'opposé du personnage de Phoebe. Je crois que cela a favorisé le changement de perception du public. C'était le premier vrai grand film avec un des acteurs de *Friends*.

En dehors de l'intérêt financier évident, qu'est-ce qui a ainsi soudé tout le monde pendant toutes ces années ?

Pour te dire le fond de ma pensée, je crois que c'est la nourriture. **Aucune autre série ne mange comme nous. Si tu veux rendre les gens heureux, offre-leur des bonnes choses à manger.** Nous avons toujours eu une table abondamment garnie, et les scénaristes se faisaient porter des bons petits repas parce que, quand on est coincé devant sa table de travail seize ou vingt heures d'affilée, il faut bien quelque chose qui donne envie de sourire. **J'attribue donc totalement le succès de *Friends* à la bonne chère.**

Quelques plats préférés ?

Un produit de base de ces dernières années, c'était la Mulberry Street Pizza. Apparemment, l'équipe paraissait l'apprécier particulièrement.

Maintenant que la fin s'approche, quel héritage souhaites-tu que *Friends* laisse ?

ça parle

Salut toi, ça roule ? : Kevin Bright et Matt LeBlanc sur le plateau, pendant la Saison Cinq.

Ce que je peux rêver de mieux pour *Friends*, c'est sans doute que ça devienne un jour le *I Love Lucy* de sa génération. C'est rempli d'histoires auxquelles on peut s'accrocher et s'identifier qui ne sont en rien liées à une époque précise ni aux événements du monde. Ça parle des gens, comment ils se conduisent et ce qui leur arrive. **Ces acteurs seront toujours séduisants. Leurs plaisanteries seront toujours drôles.** Tout autant que les histoires de Lucy étaient déjantées, il y a quelque chose de touchant chez ces acteurs qui donne éternellement envie de les inviter dans son salon. Si on rit encore aujourd'hui de Lucy qui veut aller dans le club de Ricky, alors j'espère bien que mes petits-enfants ressentiront la même chose vis-à-vis de Ross qui déclare à Rachel « On avait rompu », Phoebe qui « accouche des triplés de son frère », Monica et Chandler « à Londres » ou Joey « qui craint les petites bêtes », vêtu de tous les vêtements de Chandler.

Tu as réussi ton coup et tes acteurs sont séduisants. Oui, mais seul le temps nous dira si l'un d'entre eux possède la voix éternellement envoûtante de William Frawley. La pizza est là, tu en veux une part ?

des gens

Marta Kauffman

À ton avis, pourquoi David Crane et toi vous formez un tel duo de scénaristes ?

Si j'étais un peu braque, je répondrais que nous avons dû être frère et sœur dans une autre vie. Quant au succès de *Friends*, c'est sans doute la même chose. **Il n'y avait aucune recette, ça a marché et voilà tout.** C'était le bon moment. Et chacun de nous est très attentif à l'autre. C'est grâce à cela que notre relation dure depuis aussi longtemps. Je crois que la remarque la plus désagréable que nous ayons échangée, c'est « Bon ».

Alors, ça, c'est la grosse dispute entre vous ?

Oui. Dès que nous comprenons que c'est un de ces jours où tout va de travers, le malentendu se dissipe. **Nous sommes très différents, mais je ne voudrais travailler avec personne d'autre au monde.**

Avez-vous un sens de l'humour assez identique ?

Oui, mais je crois que chacun de nous apporte quelque chose de particulier. Je ne suis que respect et admiration face à ses dons et à son talent. Nous nous complétons. David est plus rationnel, plus logique, il a la cervelle claire. Moi, je suis plus dans l'affect, dans la passion. Quand on mélange, ça marche. Chacun termine les phrases de l'autre, depuis toujours. Nous pouvons communiquer d'un seul regard.

Quand tu étais ado, quelle était ton émission de télévision préférée ?

Le *Dick Van Dyke Show*. Quand je rentrais de l'école, je regardais *L'Île aux naufragés*, *Jinny de mes rêves* et *Ma sorcière bien-aimée*, mais *Dick Van Dyke*, c'était le top. J'estimais que c'était la chose la plus drôle du monde. Ces gens étaient tellement vivants, tellement vrais, j'avais envie de vivre leur vie. Je voulais grandir et travailler pour vivre

aucune recette

comme ça, c'était trop amusant. On chante, on danse, on rigole, on travaille à la télévision et rien que les fringues étaient irrésistibles !

La vie de l'auteur de *Friends* ne ressemble pas à cela ?

Rien à voir. Ce métier n'a rien à voir avec le personnage de Rose-Marie, excepté les sandwiches qu'on se fait livrer. C'est radicalement différent. Au fil des années, le travail d'auteur a beaucoup changé. Pour *Dream On*, on avait démarré à six. Aujourd'hui, on est quatorze. C'est toujours un travail collectif mais il n'y a plus de fou auquel obéir. Sur *Dick Van Dyke*, on ne parlait jamais de la chaîne ni des standards de diffusion. On n'évoquait même pas le taux d'audience.

Vous oui ?

On s'intéresse aux taux d'audience. Tout a changé, excepté le bonheur de se retrouver dans cette salle. Ces trois personnes s'amusaient vraiment bien. Nous aussi, on s'amuse. **Il n'y a rien de plus amusant que d'être là.**

Tant mieux, parce que tu y passes un sacré bout de temps.

Oui, nous y avons passé un temps infini. Mais je ne fais plus autant d'heures qu'avant, pendant les

Il y en a qui travaillent : Marta Kauffman à l'œuvre avec ses comédiens, pendant le tournage de « Celui qui allait à la Barbade — deuxième partie ». Pour elle, « cette équipe, c'est un rêve ».

Conseil d'ami : Marta Kauffman pose quelques jalons pour Courteney Cox et Tom Selleck, sur le tournage de « Celui qui disparaît de la série ».

premières années. **Au démarrage, j'étais la seule à être mère. Je rentrais chez moi vers trois-quatre heures du matin et je me levais en même temps que les gosses.** Au bout d'un moment, je n'ai plus tenu le coup. Tant mieux pour ceux qui y parviennent. Pas moi. Ça n'a vraiment pas arrangé mes relations conjugales. Tout va bien mais c'est dur. Les horaires varient selon les semaines. Les semaines de pause sont tranquilles — genre 10 heures-19 heures. Si c'est une grosse semaine de réécriture, ça commence à 10 heures et ça peut durer jusqu'à 3 ou 4 heures du matin. Il y a eu quelques années vraiment mauvaises quand on bossait jusqu'à 7 heures du matin. Je rentrais chez moi en voiture et je me tapais les encombrements. C'était pas du gâteau : je me garais, je réveillais mes gosses pour l'école, je les faisais s'habiller, je me couchais deux heures et je repartais bosser.

Penses-tu que les gens se rendent compte du travail que représente une sitcom ?

Non. Même certains acteurs qui voient les réécritures ne comprennent pas l'ampleur du processus tant qu'ils ne sont pas allés dans notre salle. Et la nôtre est très particulière. Je me souviens d'une discussion sur la ponctuation à deux heures du matin. Il y en a qui se passionnent pour la ponctuation. Au fil des ans, on apprend à laisser couler certaines choses et il y a toujours une nouvelle réécriture avant le spectacle en soirée.

Comment l'expérience de *Dream On* a-t-elle joué sur *Friends* ?

Friends était une réaction à cette série. Dans *Dream On*, on avait le même gars dans toutes les scènes. Il prenait ses décisions et il assumait ses choix. **Dans *Friends*, nous avons créé un groupe et sélectionné des gens qui avaient encore tous leurs choix devant eux.** Mais *Dream On*, c'était la guérilla. Nous avons appris à être indépendants. Nous n'avions ni chaînes ni studios pour nous mettre la pression. Nous n'avions pas d'argent. On a fait ça avec des bouts de ficelle et on n'aurait pas pu rêver meilleure formation parce que ça nous a appris l'art de faire fonctionner une scène. Ça nous a montré qu'une comédie n'a pas besoin de rires pré-enregistrés pour être drôle. Ce qui compte, c'est ce qui nous fait rire, nous. Cette série nous a tout appris.

Entre *Dream On* et *Friends*, il y a eu quelques séries et pilotes qui n'ont pas marché. Ce petit goût d'échec, qu'en as-tu retiré ?

J'y ai appris à suivre mon cœur. Ces trucs-là – ceux que je considère comme des échecs, c'étaient les idées d'autres gens. N'oublions pas que, parfois, l'alignement des étoiles joue son rôle. Il arrive, comme pour *Friends*, que la mayonnaise prenne.

Une fois la mayonnaise bien montée, la saison suivante il y a eu un véritable raz-de-marée de faux *Friends*. Ces imitations étaient-elles une authentique forme de flatterie ?

Tout le monde a dit que *Friends* pompait *Seinfeld* mais cette critique, je l'ai prise avec des pincettes parce que je savais que pomper *Seinfeld* n'avait jamais été notre intention. Je sais aussi comment se conduisent les chaînes et les boîtes qui cherchent quelque chose. « Bon, ça a marché. C'est quoi la formule ? Un groupe de jeunes. Ils sont amis. On y va. » Pour moi, c'est la mort assurée. C'est ce qui va se passer avec les reality shows. La création, ça ne fonctionne pas comme ça. Chaque idée vit sa propre vie. C'est une façon idiote de s'y prendre.

Comment s'est déclenchée l'idée de *Friends* ?

Différemment pour chacun. Nous tournions autour de l'idée d'un groupe de jeunes gens d'une vingtaine d'années, confrontés à leurs choix de vie. Je me souviens d'un jour où j'étais en voiture avec mon mari sur Beverly Boulevard et on est passés devant une enseigne qui annonçait *Insomnia Café*. J'ai dit tout de suite : « Oh, voilà la série. » Jusque-là, on était comme des anthropologues parce qu'on n'avait plus 20 ans – même si nous avions vécu à New York à six à l'époque où les amis deviennent votre famille. **C'est à ce moment que j'ai compris la nature de la série. Je me souviens qu'on la décrivait, au moment du lancement, comme « surcaféinée ». Je la ressens toujours ainsi.**

Tendre vers la perfection : Marta Kauffman et ses collègues dans un de leurs récurrents ajustements de plateau.

Quels sont tes souvenirs de l'écriture du pilote ?

Il s'est écrit tout seul en trois jours. Il s'est vraiment écrit tout seul.

Il ressemblait à celui qu'on a vu ?

Oui, même s'il a fallu intégrer beaucoup de corrections de la chaîne. Par exemple, Monica couche avec ce type pour lequel elle a le béguin depuis longtemps et leur histoire s'arrête là. Le représentant de la chaîne estimait que Monica avait ce qu'elle méritait. **Heureusement que David était là, parce que, devant ce commentaire, la moutarde m'est montée au nez. Le producteur considérait littéralement Monica comme une pute.** Alors, le lendemain soir, quand

nous fait rire ?

on a joué en public, la chaîne a fait passer un questionnaire parmi les spectateurs pour connaître leur opinion sur Monica. Tout le monde s'en fichait qu'elle ait couché avec lui. Nous n'avons pas voulu changer complètement l'histoire mais nous avons modifié l'investissement de Monica.

À propos de sexe, *Friends* a présenté des personnages homos positifs, avant *Will & Grace*. Est-ce un motif de fierté ?

J'en suis très satisfaite. J'ai trois gosses — un garçon et deux filles. Les marraines de mes filles sont homos. Elles faisaient partie de notre groupe de six amis quand on vivait à New York. Leurs filles sont mes filleules. Carol et Susan sont très librement inspirées de nos amies Deb et Rona. Ce sont également des amies de David. Nous n'avons pas fait cela pour démontrer quoi que ce soit — elles faisaient partie de notre vie et nous avons pensé que ce seraient de bons personnages. Mon amie Deb a raconté qu'elle regardait avec Avery — leur fille aînée — un épisode de la série où on voyait Carol et Susan. C'était la Saison Deux, quand elles ont le bébé. Avery regardait la télé les yeux écarquillés et elle a dit : « Une famille comme la nôtre ! » Elle n'avait encore jamais vu ça. Ça fait plaisir. Pour l'épisode sur leur mariage, NBC s'attendait à des milliers et des milliers d'appels téléphoniques et de lettres de haine. Quatre personnes ont appelé. Ça intéresse moins les gens qu'on ne se l'imagine.

Comment réagis-tu aux critiques concernant la vie sexuelle des personnages ?

À 20 ans, ils avaient une sexualité. Maintenant qu'ils ont 30 ans, ils en ont toujours une. Alors qu'on parle beaucoup de MST, je discutais avec Joseph Lieberman et John McCain ; le sénateur Lieberman racontait qu'il regardait avec des gosses l'épisode où Rachel et Monica se disputent à propos d'un préservatif. Choqué, il a éteint le poste. C'est exactement à ça que sert un bouton marche/arrêt. **Mais le plus important, c'est que ces deux femmes se battaient pour le dernier préservatif parce que celle qui ne l'aurait pas ne pourrait pas faire l'amour. De mon point de vue, c'est infiniment plus responsable que de ne pas évoquer du tout la sexualité.**

Les atomes crochus entre les six acteurs ont-ils été immédiats ?

La première fois que je les ai vus tous les six dans le café pour la première répétition, j'ai senti un frisson me parcourir la colonne vertébrale. Jusque-là, je n'avais pas pris conscience de la force de ces atomes crochus. Ces six-là fonctionnaient parfaitement ensemble. Chacun pris séparément était génial mais le groupe aurait pu ne pas valoir un clou. **Là, la magie était au rendez-vous. Et heureusement, cette magie n'a jamais disparu.**

Qu'est-ce qui va te manquer le plus, en cessant d'écrire pour ces personnages ?

Le plaisir d'écrire avec ces gens. C'est le groupe le plus génial du monde et c'était tellement bien de travailler ensemble. Je vais avoir du mal à m'en passer. Le jour de la fête du Travail, nous avons fait notre pique-nique annuel chez moi, sur la plage, et nous avons décidé de le maintenir — même sans la série. **Ce qui va me manquer aussi, c'est la compagnie de ces personnages. C'est amusant de traîner avec eux, c'est amusant de penser à eux.** C'est amusant de vivre près d'eux.

Dans un coin de ta tête, peux-tu envisager l'idée de retrouvailles un jour ou l'autre ? Un film ?

Non. Pas parce que je ne voudrais pas revoir ces personnages, ça j'adorerais. Mais les retours, c'est chiant.

C'est dit avec délicatesse.

Merci. La subtilité, c'est mon point fort.

Tu connais ces acteurs mieux que quiconque. Comment vois-tu leur avenir ?

Les écritures : Avec l'aide des auteurs infatigables, Marta Kauffman et David Crane s'attellent à un nouvel épisode. Voilà ce qu'en dit Scott Silveri, producteur exécutif : « Vous avez entendu parler de ces gosses au Texas, destinés depuis leur plus tendre enfance à être quarterback. David, c'est pareil, il est fait pour écrire. C'est impressionnant, et ça peut le rendre vraiment casse-pied. Quant à Marta, elle sait incroyablement bien faire vibrer la corde sensible. Elle apporte une telle chaleur au récit ! Un type superficiel comme moi dit : "L'essentiel c'est de rigoler" Mais elle, elle ne lâche pas prise : "Ça ne suffit pas, sinon à quoi bon se donner le mal de raconter cette histoire ?" »

Difficile à dire. Je n'ai pas emporté ma boule de cristal. Ils ont tellement de talent qu'ils peuvent faire tout ce qui leur chante. J'espère que chacun prendra le temps de vivre.

Ce qui n'a pas été toujours le cas ?

Absolument. Ça me plairait qu'ils prennent le temps de s'amuser un peu sans penser au travail. Qu'ils récoltent les fruits de leur labeur. Et j'espère qu'ils n'auront jamais le sentiment que cette série est venue entraver leur carrière. Je leur souhaite donc toutes les occasions du monde et qu'on leur fasse suffisamment confiance pour qu'ils puissent se réinventer.

Le fait que vous leur ayez accordé tant de temps pour réaliser des projets extérieurs à la série les a bien aidés.

J'espère que c'est vrai et que cela a été efficace. On a toujours peur, quand on a fait quelque chose, que tout le monde vous voie éternellement dans ce rôle-là.

Oui, j'ai entendu parler de la malédiction de *Seinfeld*.

Oui.

Les sentiments de chacun sont-ils différents maintenant que la fin est proche ?

Oh oui ! Absolument. Nous discutions d'un épisode où Monica et Chandler cherchent une maison en dehors de la ville et on en est arrivés à l'idée que pour conclure un épisode — à la fin de la série — on pourrait montrer l'appartement vide de Chandler et Monica. Et chaque fois que quelqu'un parle « d'appartement vide », les larmes me montent aux yeux. C'est une image difficile à supporter.

De quelle façon *Friends* a changé ta vie ?

De toutes les façons possibles. Tout ce que cela m'a appris en tant qu'écrivain. J'ai compris que chaque série génère ses propres règles et qu'il ne faut pas avoir d'idées préconçues. Cela m'a appris à collaborer à grande échelle et à faire confiance aux gens qui m'entourent, à accepter de déléguer — c'était le plus important. Naturellement, au niveau financier, l'impact a été énorme pour ma famille et moi. J'ai pu distribuer de l'argent à mes tantes, à ma synagogue, aux écoles de mes enfants et faire le bien autour de moi. Et j'ai tellement de chance d'avoir pu ainsi rendre tout ce qu'on m'a donné. ***Friends* a changé ma vie du tout au tout.**

David Crane

Qu'est-ce qui fait de Marta et toi un si bon duo ?

Je pense que nos points forts sont différents et complémentaires. Elle s'intéresse à des choses dont je me fiche. Elle est beaucoup plus intuitive sur le recrutement des acteurs et je suis bien plus passionné par l'écriture, sous tous ses angles. Je suis un obsédé de la structure. Ce qui donne un équilibre agréable. **Nous ne faisons pas le même boulot. Mais nous partageons une sensibilité identique. Nous rions des mêmes choses. J'adore la faire rire. Le meilleur dans notre travail commun, c'est quand elle se tord de rire.** Et le moment que je préfère — et il n'est pas si fréquent parce que nous sommes très occupés —, c'est quand on est tous les deux dans une pièce en train d'écrire.

Vous partagez toujours ce bureau ?

Oui. Voilà mon côté, voilà le sien.

On aurait pu croire que vous aviez les moyens de vous payer chacun le vôtre, maintenant.

On écrit ensemble depuis plus de vingt-cinq ans. Vingt-cinq ans : c'est un long mariage. Comme n'importe quel mariage, il a évolué, il a changé, il a mûri. On découvre les points de friction, mais **pouvoir partager un bureau, ce n'est que la partie émergée de l'iceberg.** La première fois qu'on s'est retrouvés ensemble, on était deux gamins à la fac. Chacun avait vaguement remarqué l'autre et nous avons commencé par mettre en scène un spectacle à Brandeis, *Godspell*.

***Godspell* à Brandeis, ouh là !**

Oui. En fait, notre Jésus — avec lequel nous sommes toujours amis — est devenu un rabbin très apprécié. À l'uni-

nous avons créé

Homme orchestre : Sur le plateau de « Celui qui retrouvait son rôle », David Crane fournit quelques précisions à Jennifer Aniston, David Schwimmer et Eddie Cahill, qui joue Tag.

versité, nous avons écrit et fait de la mise en scène avec d'autres amis. Nous avons réalisé des comédies musicales, mais on n'a jamais imaginé vivre de notre plume. Elle voulait être comédienne, j'avais décidé que je ne voulais pas être comédien. On était dans l'histoire « on a l'estrade, montons le spectacle ».

Et maintenant, vous avez une très grosse estrade.

Oui, très grosse.

Passons à *Dream On*. Quel est l'impact de cette série, réalisée avec Marta et Kevin, sur *Friends* ?

On peut dire que *Friends* est venu en réaction à *Dream On*. Dans cette série, il n'y avait qu'un seul personnage, Martin, présent dans toutes les scènes. Cette idée d'utiliser des extraits en noir et blanc signifiait que tout cela se passait dans sa tête, sa présence constante était donc obligatoire. À un moment, on en vient à se demander combien d'histoires commencent par « Et si Martin… ? ». Voilà pourquoi nous avons décidé de faire une série avec un collectif.

Je ne suis pas sûr que les gens se rendent compte à quel point c'est un choix inhabituel.

Je crois qu'il n'y a jamais eu de série télévisée purement collective – où il n'y a pas le nom du héros en titre. Même dans *Cheers*, c'était le bar de Sam Malone. Là, on a décidé de faire vraiment dans le collectif. On peut suivre n'importe lequel des six à n'importe quel moment. Nous avons tenté de créer un réseau de relations entre eux – camarade de fac, frère-sœur, meilleur ami, colocs, copains de lycée –, histoire d'avoir un nombre de directions illimitées pour les scénarios.

une équipe

ça doit faire beaucoup à raconter en une demi-heure.

C'est vrai. Nous ne sommes certainement pas les premiers à raconter trois histoires par semaine — *Seinfeld* en racontait trois et même quatre, mais aucune ne devait faire vibrer la corde sensible. C'était pure comédie. Pour nous, la difficulté d'intégrer trois histoires dans un épisode, c'est que au moins l'une d'elles doit être sentimentale. C'est sacrément dur et ça augmente le risque de se planter. Les chances qu'une des histoires capote ou révèle un défaut rédhibitoire, ou soit mal conçue sont infiniment plus grandes quand on raconte trois histoires que si on en raconte deux ou une.

Est-ce la raison pour laquelle les soirs d'enregistrement, les scénaristes et toi, vous faites souvent beaucoup de rewriting sur le tas ?

À ce stade, nous préparons les blagues. C'est vraiment à la lecture qu'on voit les problèmes de l'histoire dont on a discuté jusqu'à l'écœurement. On entend les acteurs lire, et brusquement ça ouvre des horizons. C'est à ce moment que se produisent tous les gros changements et même parfois après cette première lecture. On se rend compte que ça ne va pas et on remet tout à plat. Je pense aux rares fois où l'histoire ne collait pas au moment de l'enregistrement en soirée ; il fallait en retrouver une à toute blinde et les spectateurs attendaient. C'est horrible. C'est l'enfer.

L'émotion qui se dégage de *Friends* paraît plus proche de celle d'une série comme All in the Family que de *Seinfeld*

Notre premier boulot à Los Angeles, c'était pour Norman Lear, qui réalisait *All in the Family*. Je crois que Norman a toujours apprécié notre travail, en le trouvant un peu désinvolte. Norman avait un vrai sens théâtral, mais il n'avait jamais besoin d'interrompre les moments sérieux par une blague. Nous ne nous autorisons que rarement une telle liberté. Si la série marche, **c'est parce qu'on s'intéresse à ces gens.** Ça marcherait moins bien si c'était moins drôle, mais on ne regarderait pas autant la Saison Neuf ou la Dix si on n'était pas aussi accros aux personnages. Nous, nous passons notre temps à osciller, pour trouver le bon équilibre entre l'émotion et la franche rigolade.

***Friends* a toujours été une série prônant la tolérance. Avant *Will & Grace*, vous avez abordé l'homosexualité sans les clichés homophobes habituels. Toi qui annonces clairement que tu es homo, cela était-il important pour toi ?**

Oui. Mais les gens demandent parfois, devant certains épisodes, « C'est bien pour les gosses, ça ? ». Qu'il s'agisse d'un homo ou de Rachel qui se retrouve enceinte, la question qui se pose, c'est de savoir si les personnages sont de bons modèles. Et je répondrai que ce n'est pas notre travail. **Nous ne sommes pas là pour créer des modèles. Nous sommes là pour créer des émissions de télévision drôles et intéressantes. Mais sincèrement, ça me plaît de combiner les deux.**

Si nous parlions des personnages de *Friends* ? Joey paraît être celui qui a le plus évolué.

Ça, il faut en remercier essentiellement Matt LeBlanc. Au départ, je pense que, dans leur jeu David Schwimmer et Matthew Perry en jetaient davantage. On les remarquait. Et j'ai toujours considéré Matt comme un comédien presque furtif. Il est là à souffler tranquillement, et les rires montent, montent, montent, montent jusqu'à ce qu'on se dise : « Waouh ! voilà Joey. » Nous avons pris Matt parce qu'il était vraiment drôle mais aussi parce qu'il apportait énormément de cœur et de douceur au personnage. Quand nous avons écrit le rôle pour le pilote sensible

on n'imaginait pas ça. Au départ, nous voyions Joey comme un de ces acteurs new-yorkais sexy. Et puis on a rencontré Matt, il est évidemment sexy mais il a une douceur déjantée, il est tellement drôle et tout ça crée un personnage vraiment sécurisant. On a un tombeur qui doit être ami avec ces trois femmes. Au fil des années, nous avons fait beaucoup de plaisanteries où il tourne autour d'elles, mais sans jamais la moindre agressivité. On n'y trouve pas la moindre agression sexuelle. Et Matt est capable de jouer ça. De loin, il était la personne la plus drôle que nous ayons vue pour ce rôle.

C'est toujours ce qui vous a guidés ?

C'est vrai pour les six personnages. **S'ils ont obtenu les rôles, c'est qu'ils étaient sans conteste les plus drôles pour les jouer. Et parfois, c'étaient les seuls à pouvoir lire ces textes.** Jusqu'à l'arrivée de Matthew Perry, on avait vu des gens qui se débrouillaient mais qui nous laissaient l'impression que le personnage de Chandler n'était pas si drôle que ça. C'était désagréable parce qu'en l'écrivant j'avais pensé que ce serait le comédien le plus facile à trouver. Les acteurs ont défilé. C'était mortel. Nous connaissions Matthew parce qu'il était apparu dans un épisode de *Dream On*. Il y avait été merveilleux, mais il avait déjà tourné un pilote cette saison-là. Alors on s'était dit : « Plutôt que de le mettre en deuxième position, mieux vaut l'éliminer. » Après, on était désespérés ; quelqu'un a dû voir le pilote qu'il avait tourné et a dit : « Ça ne marchera jamais. » À ce moment-là, on l'a fait venir. Il a lu le rôle et on a dit : « C'est pour toi. » Chandler, c'était lui.

Et Phoebe ?

Pareil pour Lisa. On avait ce personnage stéréotypé — un personnage fumeux avec plein de poncifs New Age. En regardant le pilote, je trouvais que c'était assez attendu tout ça. Mais quand Lisa l'a lu, on s'est

Dans le feu de l'action : David Crane aménage le script sur le tournage de « Celui qui avait fumé ».

dit : « D'accord, on n'a encore jamais vu ça. » Ça ne ressemblait pas au personnage qu'elle jouait dans *Mad About You*, que nous adorions aussi — Ursula la serveuse. C'était autrement. Bizarre, mais on y croyait. Plus qu'un personnage de sitcom. On croyait à l'existence de cette personne.

Alors *Friends*, en fait, c'est de la télé-réalité ?

Chacun de ces acteurs, à sa façon, possède la capacité d'être totalement désopilant, même dans des situations dramatiques. On croit en eux. Regarde Jennifer. Dans beaucoup de scènes, elle était incroyable au moment de la grossesse de Rachel ; quand elle regarde pour la première fois l'échographie du bébé et qu'elle n'arrive pas à le trouver. Et elle pleure. C'est émouvant parce que c'est à la fois authentique et désopilant. C'est un talent surprenant, et rare. Avec la plupart des acteurs, on a l'un ou l'autre : pleurer c'est triste, et la comédie c'est drôle. Pour Rachel, elle arrivait à tout cumuler. Et Jennifer dégage tellement de chaleur que ça passe l'écran. C'est très important parce que, si on regarde le personnage de Rachel, tout ce qu'elle fait n'est pas si séduisant. Elle est égoïste, gâtée, et pourtant…

C'est Jennifer Aniston.

Oui. Et grâce à Jennifer, le personnage — issu d'une vie douillette et peu disposé à se séparer de ses cartes de crédit — devient soudain tellement positif qu'on est emballés. On ne la juge plus du tout. Entre les mains d'une autre actrice, le personnage aurait pu être beaucoup moins engageant. C'est pareil avec Courteney. Il nous a fallu un moment pour comprendre ce qu'il y avait de drôle chez Monica parce qu'au départ elle maternait les autres personnages. Lors du Thanksgiving de la Saison Une, on a découvert le côté névrotique de son personnage, son obsession du ménage et ses tendances à vouloir tout contrôler. Un comportement aussi obsessionnel aurait pu être rebutant, mais grâce à Courteney, qui est si belle et si chaleureuse, elle est tout à fait appétissante.

Maintenant que tu le dis, c'est vrai qu'elle n'est pas désagréable à regarder.

Oui. En règle générale, nous n'avons pas tendance à rire des gens séduisants. On pense qu'ils sont beaux, pas qu'ils sont drôles. Et parfois, la beauté provoque une distance, mais Courteney dégage une telle chaleur et une telle bienveillance qu'on est pris dedans. Tu mets une autre actrice, aussi renversante, dans une défroque de grosse et ça risque d'être assez immonde. « On n'y croit pas, tu es trop belle. » Mais Courteney a pris le personnage de Monica à cœur, elle a créé cette personnalité avec une telle authenticité qu'on se laisse emporter.

Ces acteurs étaient tellement séduisants, on les a retrouvés sur un nombre incalculable de couvertures de magazine et puis, brusquement, il y a eu saturation.

Mais c'est la règle du jeu : on te porte au pinacle pour mieux te descendre. **On a traversé ces cycles tellement de fois depuis ! « On vous aime, vous êtes les chéris du moment. » Et puis demi-tour et on se retrouve complètement oubliés. Puis nouvelle volte-face et on réapparaît alors qu'on était là tout le temps à faire le même boulot.** On appelait ça une Friendaissance. « Oh, voilà une nouvelle Friendaissance. » Et puis, hop, encore un demi-tour. Il est intéressant de noter que ces volte-face se produisent généralement au moment des renégociations largement médiatisées du salaire des acteurs. C'est peut-être une coïncidence, mais peut-être pas.

As-tu compris à un moment donné que votre création devenait un phénomène culturel ?

Oui. Pendant le Thanksgiving de la Saison Une. Mes

la série a

Admiration mutuelle : David Crane discute avec Jennifer Aniston sur le tournage de « Celui qui trahissait le pacte ». Pour lui, « C'est un privilège d'écrire pour de telles personnes ».

parents étaient là et nous étions au restaurant avec l'homme qui partage ma vie, Jeffrey Klarik. Soudain, on a entendu une conversation trois tables plus loin. Quelqu'un disait : « Oh, et tu as vu celle avec la laverie automatique ? » Jeffrey a dit : « N'oublie pas ce moment. » Et je ne l'ai jamais oublié.

***Friends* a eu un impact énorme, quasi mondial ?**

C'est bizarre. C'est l'aspect de la série qui m'est le plus étranger, et sincèrement je me laisse toujours surprendre. Sans doute parce que j'ai le sentiment que nous cherchons seulement à être drôles. Nous nous efforçons en permanence d'écrire la meilleure histoire possible. Alors, je n'ai pas conscience de cet impact planétaire. Il m'arrive de voir *Friends* en couverture de magazine ou de voir une vidéo de la série en japonais ; j'ai du mal à réaliser parce que ça me semble très loin du fait d'être en train de travailler avec d'autres gens pour tenter de trouver une bonne blague.

Des succès de *Friends*, duquel es-tu le plus fier ?

Je suis vraiment fier que nous ayons réussi à maintenir la qualité de la série. Je suis fier aussi que la série ne sente pas le rance – que les personnages aient pu mûrir et se déplacer vers d'autres horizons. On n'a pas l'impression de répéter les mêmes blagues que sept ans plus tôt sur fond d'histoires identiques. Comme les personnages ont vieilli et que leurs vies ont changé, nous racontons des histoires adaptées. Ils ne sont plus dans la même ambiance que lorsqu'ils avaient 25 ans.

Tes enfants ont grandi sous tes yeux.

Oui. La série a vraiment évolué. Et j'en suis très fier parce que je crois que souvent, dans une sitcom, on se retrouve pris au piège ; on est contraints de refaire une nouvelle version de la même histoire parce qu'il n'y a pas d'autre direction. Je suis également très fier que nous ayons réussi à faire rire les gens aussi longtemps, et dès que je prends un peu de recul, je comprends que ces personnages sont très investis. Heureusement, nous avons pu être à la hauteur de la fidélité du public, nous n'avons pas trop violé nos personnages et nous avons raconté des histoires très motivantes. Que nous ayons pu faire cela tout en amusant les gens, voilà ce dont je suis le plus fier.

À quoi ressemble cette dernière saison pour toi – essayer de trouver la meilleure fin pour *Friends*, avec un emploi du temps différent, plus serré ?

L'emploi du temps différent, c'est pas la mer à boire. **Mais c'est vraiment doux-amer. Je suis persuadé au fond de mon cœur qu'il est temps d'arrêter.** En termes de création, c'est le moment de lever le pied. Mais ça n'empêche que c'est très poignant parce que j'aime énormément ce que je fais, je m'y suis beaucoup investi et j'adore les gens avec qui je travaille.

Une telle expérience n'est pas facilement remplaçable.

Oh, je crois qu'on ne la remplacera jamais. On fera d'autres choses et j'espère du bon travail dont on pourra être fiers, mais nous savons tous parfaitement que cette histoire ne se reproduira plus jamais.

évolué

SAISON HUIT

Le moment de vérité : Rachel découvre qu'elle est vraiment enceinte, puisque Phoebe avoue lui avoir menti sur le résultat du test, dans « Celui qui venait de dire oui ».

UNE EXCELLENTE

série offre aux gens un rendez-vous hebdomadaire pour rire et oublier leurs problèmes pendant 22 minutes.

Cela explique peut-être pourquoi la Saison Huit de *Friends* — qui a démarré juste après les tragiques événements du 11 septembre 2001 — pourrait être considérée comme le meilleur moment de la série. Dans cette saison, *Friends* semblait rayonner d'une nouvelle détermination qui n'a pas échappé au public : les taux d'audience ont grimpé.

« Je crois que *Friends* était de la consolation en images, dit Marta Kauffman. Ce qui m'honorait beaucoup. Nous ne traitions pas des problèmes généraux. Nous faisions de la comédie et je crois que les gens avaient davantage envie de rire que de revoir à l'infini les images des Tours en train de s'écrouler. Au bout d'un moment, les gens étaient prêts à rire, ils en avaient besoin. C'était une saison particulière, forte. C'est difficile de considérer l'ensemble de ses enfants en se demandant lequel est le plus costaud, mais j'adore vraiment la Saison Huit. »

« Si je devais choisir une saison préférée, je dirais la Huit, renchérit Matthew Perry. Tout le monde a pensé que c'était notre grand retour. La série était de nouveau très regardée et, après le traumatisme du 11 septembre, les gens y trouvaient du réconfort. C'est aussi la première saison où je suis resté sobre d'un bout à l'autre et c'était évidemment très satisfaisant pour moi. »

Pour tous, la Saison Huit était ce que David Crane a appelé une « Friendaissance » — une période dorée où tout le monde, tant à l'intérieur qu'à l'extérieur, admirait la série. Monica et Chandler profitaient d'une première saison de bonheur conjugal. Rachel vivait sa grossesse — jusqu'à « Celui qui avait un bébé — première et deuxième parties », qui vint clore la saison. « La grossesse de Rachel fut très productive — elle nous a fourni quelques excellentes histoires, dit Marta Kauffman. On s'en est donné à cœur joie. »

La Saison Huit fut également marquée par la présence de grandes stars, comme Sean Penn dans « Celui qui perturbait Halloween » et « Celui qui voulait garder Rachel », Alec Baldwin dans « Celui qui voyait dans les feuilles de thé » et « Celui qui était trop positif » ; dans « Celui qui avait fait courir la rumeur », une apparition surprenante et puissante de Brad Pitt, un jeune acteur prometteur qui, apparemment, avait décroché le boulot grâce à des accointances familiales.

« Brad était vraiment très nerveux, se souvient Matt LeBlanc. Je ne sais pas si c'était parce que Jen est tellement douée et qu'il ne voulait pas se faire moucher par sa moitié. Mais il a été vraiment magnifique dans la série. » On espère que Pitt ne s'est pas trop pénétré de son rôle parce qu'il jouait Will, cofondateur à l'époque du lycée (avec Ross, rien que ça) du club « On déteste Rachel ».

« C'était parfait parce que ce rôle était inattendu pour Brad Pitt, raconte Kevin Bright. Brad est vraiment gentil. Il vient chercher Jennifer tous les vendredis soir. Il se faufile par la porte de derrière et il l'attend dans sa loge parce qu'il ne veut pas détourner les applaudissements du spectacle. C'est vraiment un type gentil. Il appelle ma femme "Madame". Elle préférerait quelque chose de plus intime. »

La Saison Huit a également vu le début de l'histoire

potentielle entre Joey et Rachel. « Certains d'entre nous, se souvient Lisa Kudrow, s'inquiétaient : "Oh non ! maintenant, on va quand même pas mettre tout le monde par deux ?" Mais ça a bien fonctionné. Un risque qui s'est révélé payant. Matt et moi, on a toujours pensé que Joey et Phoebe auraient dû se mettre ensemble, mais ça ne s'est pas produit — merde. »

Pour tout ce bon travail réalisé dans la Saison Huit, *Friends* va enfin remporter son premier Emmy de la Meilleure Comédie — un honneur tardif, étant donné la qualité de la série et son succès.

« C'était un grand moment pour la série, raconte Jennifer Aniston. Ils ont pris tout leur temps, c'est sûr ! "Oh, ils sont toujours là ! Il faut leur jeter un os." Mais de toute façon, nous, on savait. C'était la comédie numéro 1 à la télévision donc les gens l'aimaient. C'était clair. Pendant des années, c'était ça notre Emmy. Ce n'était pas primordial pour nous d'en avoir mais quand on l'a reçu, bon sang, qu'est-ce qu'on était contents ! »

Danse avec moi : Malgré les chaussures ultra-glissantes du marié, Chandler et Monica survivent à leur première danse en tant que légitimes époux dans « Celui qui venait de dire oui »

Cavaliers ajustés • Au mariage, Ross danse avec la jeune Melinda, en espérant impressionner Mona dans « Celui qui venait de dire oui ».

Un papa terrifiant : Dans « Celui qui engageait une strip-teaseuse », Rachel n'arrive pas à avouer à son père (Ron Leibman) qu'elle est enceinte et lui raconte donc plutôt qu'elle a le câble. La popularité de *Friends* est telle que, comme le note Ron Leibman, « j'ai beau avoir été Shylock au New York Shakespare Festival ou avoir gagné un Tony pour *Angels in America*, les gens me demandent : "Vous ne seriez pas le père de Rachel ?" ».

Du docteur folle d'amour : Rachel drague un autre docteur, de série TV celui-là, dans « Celui qui draguait Rachel ». Johnny Messner, qui joue le docteur en question, se souvient : « Après avoir participé à *Friends*, j'ai reçu des appels de gens à qui je n'avais pas parlé depuis l'école primaire. C'était dingue ! »

Amour à la ville, haine à l'écran : Ross retrouve son vieux pote de lycée Will, joué par Brad Pitt, dans « Celui qui avait fait courir la rumeur ». Will a du mal à se contenir lorsque apparaît Rachel, qu'il hait profondément. « C'était vraiment un contre-rôle pour Brad Pitt », souligne David Schwimmer.

Homme fort : Monica tente de convaincre Chandler de ne pas se battre avec Ross car ce qui compte pour elle, c'est sa force intérieure, dans « Celui qui perturbait Halloween ».

Deux femmes : Dans « Celui qui animait un jeu stupide », la future mère s'aperçoit à quel point elle n'est pas préparée à l'arrivée de son bébé. Sa mère — jouée par Marlo Thomas — lui promet d'être là. Marlo Thomas parle ainsi de cette expérience : « Jennifer était adorable, elle était drôle et réconfortante. J'ai vraiment passé un bon moment et nous avons fini bonnes amies. Jennifer adorait *That Girl*. Elle m'a même dit que Ross était son Donald. »

À la vôtre ! : Alec Baldwin joue le rôle de Parker — l'amoureux enthousiaste de Phoebe — dans « Celui qui était trop positif ». Lisa raconte ainsi sa collaboration avec Alec : « Il était vraiment à l'aise et désopilant ; il savait ce qu'il faisait et il avait le truc. Il l'avait vraiment. » L'admiration était mutuelle. « J'ai beaucoup aimé travailler avec Lisa, dit Baldwin, parce que je l'apprécie autant dans ses films que dans la série. Ce qu'il y a de plus surprenant, c'est le lien qui unit ces six acteurs. On ne voit pas cela souvent dans ce métier — ils formaient une vraie famille. Sidérant. »

Échange de clés : Dans « Celui qui ne voulait pas aller plus loin », Ross ne réussit pas à garder ses distances avec Mona, jouée par Bonnie Somerville, et il lui offre spontanément la clé de son appartement. Comme le remarque David Schwimmer : « On peut vraiment dire que Ross a été gâté en ce qui concerne les problèmes avec les filles. » « Je ne m'étais jamais autant amusée à la télévision qu'en tournant *Friends*, dit Bonnie Somerville. J'ai particulièrement aimé travailler avec David Schwimmer, qui était chaleureux et bienveillant. C'est lui qui a réalisé les épisodes dans lesquels j'ai joué et il était formidable. Aller tous les jours sur le plateau de *Friends* et garer ma voiture à côté de celles des acteurs, c'était top. J'étais bluffée de voir à quel point personne n'avait la grosse tête. Je n'avais jamais travaillé avec de telles stars et ils étaient tous charmants. »

Rendez-vous manqué : Monica et Chandler recherchent un couple qu'ils ont rencontré dans l'avion durant leur lune de miel, dans « Celui qui avait fait une vidéo ». Monica veut organiser un rendez-vous à quatre – elle ne se rend pas compte que le couple leur a donné un faux numéro.

Coups de pied au cœur : Rachel réveille Joey en pleine nuit pour qu'il sente les coups de pied du bébé dans « Celui qui découvrait le placard secret ».

The Big Sting : Dans « Celui qui défendait sa sœur », Phoebe se fait passer pour la mère lesbienne de Ben afin d'obtenir des billets pour le concert de Sting auprès de Trudie Styler, son épouse (pour de vrai). Cette dernière raconte : « J'ai beaucoup apprécié de travailler avec Lisa. C'est une comédienne inspirée. Je me sens privilégiée d'avoir participé, même de façon mineure, à un tel événement télévisuel. Tant de gens dans le monde m'ont vue dans *Friends*. C'est hallucinant ! »

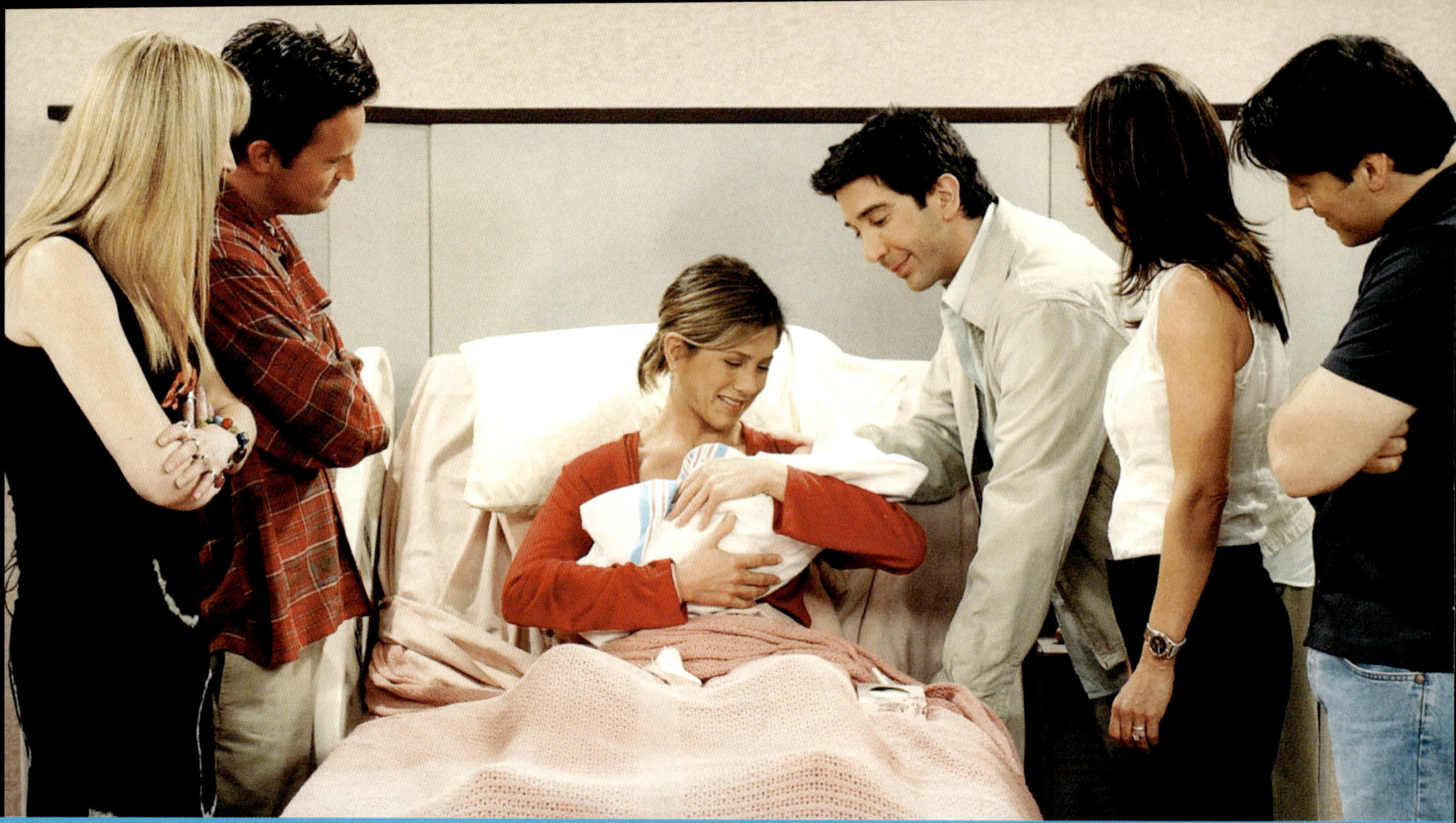

En panne d'inspiration : Dans « Celui qui avait un bébé – deuxième partie », Monica est finalement plus utile à Rachel que Ross, lorsqu'il s'agit de trouver un prénom. Comme elle le dit au groupe, « Je les ai choisis depuis que j'ai 15 ans ». Mais elle accepte de donner un de « ses » noms à Rachel – Emma –, car, comme elle l'explique : « Rien n'ira avec Bing, alors celui-là ou un autre ! »

L'argent fait-il le bonheur ? Dans « Celui qui était trop positif », le moral de Ross et de Rachel remonte grâce aux chèques offerts par les amis des Geller, à qui l'on a fait croire qu'ils venaient de se marier.

Acte de fraternité : Phoebe dénonce le comportement ignoble de sa sœur jumelle Ursula à Eric (joué par Sean Penn), ivre et amoureux, dans « Celui qui perturbait Halloween ».

Futurs parents : Ross soutient Rachel à l'approche d'une contraction, après leur arrivée à l'hôpital dans « Celui qui avait un bébé – première partie ». « Jennifer a été incroyable dans cet épisode, mais de toute façon, elle est toujours incroyable », dit David Schwimmer.

– Bienvenue sur terre, ma grande, c'est l'horreur, tu vas te régaler !

Monica offre un accueil abrupt mais chaleureux à Rachel dans « Celui qui déménage ».

– Bien. Alors à gauche, du granit. De l'acier à droite. Et moi.

Chandler traverse une crise existentielle après avoir raté son compliment sur les seins de Rachel, aperçus par mégarde, dans « Celui qui fait des descentes dans les douches ».

– La règle est bonne, je vous assure ; elle nous aide à contrôler le plaisir qu'on a.

Le monde selon la très cinglée du contrôle Monica dans « Celui qui rate son week-end ».

– Salut… Alors, ça roule ?

L'entrée en matière minimale mais efficace de Joey, dans nombre d'épisodes, dont « Celui qui se gourait du tout au tout ».

Jill Goodacre :
– Vous voulez peut-être téléphoner ?
Chandler :
– Oui, aux trois cents types avec qui j'étais à la fac.

Chandler l'a sur le bout de la langue, mais rate finalement sa réplique dans « Celui qui a du jus ».

– On se demande toujours ce qui est pire : la table d'accouchement ou le coup dans les parties ? Personne ne vivra jamais ces deux expériences.

Chandler assure la conversation pendant qu'Erica accouche, dans « Le dernier – première partie ».

Phoebe :
– Arrête de jouer le mâle qui méprise la femelle.
Chandler : Et voilà, après on s'étonne qu'elles portent toutes la culotte.

Subtile référence machiste dans « Celui qui a un dentiste carié ».

– Une chose en entraînant une autre, avant que je m'en rende compte, on faisait… les magasins.

Monica reconnaît avoir sympathisé avec Julie, la nouvelle amoureuse de Ross, et du coup avoir trahi Rachel dans « Celui qui détestait le lait maternel ».

– Il faudrait que tu arrêtes d'enfoncer le Coton-Tige quand tu sens que ça résiste.

Chandler réagit aux vagues conseils vestimentaires de Joey dans « Celui qui a une nouvelle fiancée ».

RÉPLIQUES CULTES

– Si j'étais un mec, je... J'ai bien dit "Si j'étais un mec ?"

Chandler s'emmêle à nouveau les pinceaux dans « Celui qui écrivait une lettre de recommandation ».

sur la vie

maggie
WHEELER
Les amis de F·R·I·E·N·D·S

C'est l'hôpital qui se moque de la charité : Paradoxe des paradoxes, Janice en a assez des jérémiades de Ross et veut rompre avec lui dans « Celui qui riait différemment ».

Comment expliques-tu le fait que Janice semble être partout où vont les *Friends* ?
Ça fait partie des mystères de la vie. Elle est chère au cœur de tout le monde. Ce personnage enrichit l'histoire d'une façon unique. De temps en temps, les scénaristes doivent discuter en détail d'un script en examinant toutes les directions possibles et quelqu'un lance l'idée de ramener Janice. Et cette personne a droit à ma reconnaissance éternelle.
Je crois que dans les tragédies grecques, on appelait cela le *deus ex machina*.
Absolument. J'arrive. Et on me parachute, avec des ailes d'ange.
Des ailes d'ange ternies ?
Des ailes d'ange ternies et des bottes léopard.
Qu'est-ce que tu aimes chez Janice ?
En tant que comédienne, c'est merveilleusement libérateur de jouer quelqu'un d'aussi casse-pieds que Janice et je m'éclate. Les auteurs me donnent du matos en or. **Ce que j'adore chez Janice, c'est qu'elle n'a pas du tout conscience de l'effet qu'elle produit** — elle fonce tout droit sans se laisser détourner —, et c'est merveilleux.
À quel moment Janice a-t-elle pris vie ?
Pour l'audition, il y avait, entre autres, la scène dans laquelle Chandler et Janice rompent dans le café ; elle lui apporte une paire de chaussettes à motifs, et elle dit : « Tu peux porter ça avec n'importe quoi, ou même avec autre chose si tu veux. » J'ai lu cette réplique et je l'ai entendue dans ma tête.
Ça peut faire peur d'entendre Janice dans sa tête !
Oui. Moi, ça ne me fait pas peur mais je comprends que ça puisse faire peur à d'autres. Sa voix, son rythme, tout ça je l'avais déjà quand je suis allée passer l'audition, mais le rire est venu pendant la répétition d'une scène ; à un moment, Chandler m'apporte un café — il a déjà dû boire 77 expressos et il m'apporte un cappuccino rempli à ras bord — et, avant même que j'aie pu le porter à ma bouche, il me demande si j'en veux un autre. C'était drôle. La réplique était drôle ainsi que la manière dont Matthew l'a dite. Il fallait que Janice réagisse, alors je me suis mise à rire. C'est à ce moment-là qu'est né le rire de Janice.
Les fans dans la rue veulent-ils entendre ce rire ?
Oui, ils veulent m'entendre rire et dire « Oh

mon Dieu ! ». Ils me demandent aussi de dire « Tu m'aimes, Chandler Bing ». On me le demande très souvent.

As-tu des contacts avec cette Janice intérieure ?

Je suis née à New York et j'y ai grandi. Je crois avoir rencontré Janice sous bien des formes à différentes occasions. C'est un mélange de tas de personnes que j'ai croisées.

Ces gens savent-ils qui ils sont ?

Il me semble que les gens qui ressemblent à Janice ignorent qu'ils lui ressemblent. Janice elle-même ne sait pas ce qu'elle est. Et c'est toute la beauté de l'histoire.

Ça fait quoi d'observer ces acteurs ?

Leur ascension historique vers la gloire ? Je considère que j'ai eu beaucoup de chance de les rencontrer et d'avoir le grand plaisir de travailler avec eux au tout début, quand le foyer était encore une petite salle minable avec des canapés cassés où tout le monde jouait au poker, de l'aube à la nuit. Ça ressemblait à une résidence d'étudiants. Même si je n'ai jamais mis les pieds dans une résidence universitaire. Les loges sont passées d'un petit placard à des salons entièrement arrangés par un décorateur. Mais fondamentalement, les gens n'ont pas changé.

Quand viendra l'heure de la fin, crois-tu que Janice sera là ?

Oui. Je ne sais pas ce qu'est la fin. **Tout comme je n'ai jamais su quelle allait être la prochaine apparition de Janice jusqu'à ce que le script arrive sur le seuil de ma porte, parfois la veille au soir.**

En définitive, de ton point de vue, Janice croit-elle qu'elle est la septième *Friend* ?

Oui, elle le croit. Elle estime faire partie de la famille.

Un rôle parfois effrayant, mais un rôle tout de même.

C'est toute la beauté de Janice – elle n'a pas peur.

Le cœur a ses raisons que la raison ne connaît pas : Chandler supplie Janice de rester avec lui dans « Celui qui avait pris un coup sur la tête ». Quand Maggie Wheeler joue, « c'est comme si elle allumait la lumière, puis l'éteignait brusquement, explique Matt LeBlanc. C'est démesuré. On s'y est fait peu à peu, grâce à sa relation avec Chandler. Elle est unique en son genre. Elle ne peut pas se planter. Elle le sait et rien ne l'arrête. C'est génial. »

Duo à trois : Dans « Celui qui n'avait demandé personne en mariage », Rachel, Ross et Joey tentent de faire le point sur ce qui se passe entre eux. « David Schwimmer et moi nous inquiétions au sujet du truc entre Joey et Rachel, raconte Matt LeBLanc. J'ai dit : "Deux secondes, mec, c'est la copine de mon pote, ça va pas." Réponse des auteurs : "On sait que c'est dangereux, c'est ça qui est excitant. Finalement David Crane m'a dit : "C'est comme jouer avec le feu", et là j'ai compris. »

SAISON NEUF

UNE DERNIÈRE SAISON...

Lorsqu'elle démarra, la Saison Neuf devait être la dernière saison de *Friends* mais il devint rapidement évident que NBC ne voulait pas encore de ce tendre adieu.

Donc après une renégociation supplémentaire pour faire bonne mesure, les inconditionnels de la série eurent droit à un sursis — ils auraient une saison de plus avant d'affronter la grande angoisse de la séparation.

« Ce qui était un peu compliqué, c'était de ne pas savoir à l'avance pour pouvoir prévoir notre saison, explique Marta Kauffman. Psychologiquement, c'était très délicat : allions-nous, oui ou non, faire une saison supplémentaire ? Avoir pris cette décision si tardivement a beaucoup compliqué la situation. C'était difficile de décider parce que ça nous plaît de réaliser cette série et que nous sommes bien payés. Personne n'a envie de tirer sa révérence, mais parfois dans la vie on y est bien obligés. »

Les acteurs, eux aussi, ont longtemps pensé que la Saison Neuf serait la dernière. « Je me suis dit : "c'est bientôt fini", raconte Matt LeBlanc. Je n'étais vraiment pas prêt à accepter que la série s'achève. Cela dit, je pense qu'on ne peut jamais être prêt — je sais que le jour où ça se terminera, ce sera triste et voilà tout. » LeBlanc n'était pas le seul à souhaiter que tout continue. « Il y a même eu l'idée de faire un film. »

D'autres avaient, eux, moins envie que la série continue pour une saison de plus. « Sincèrement, je m'en suis remis au groupe, dit David Schwimmer. "On fait comme vous voulez, les gars." Parce que j'avais vraiment l'impression qu'on en avait fini l'année précédente. Mais je n'allais pas être celui qui barre la route des cinq autres. L'une ou l'autre solution me convenait. »

On finit par décider de continuer, mais de faire une saison raccourcie, suivant des horaires plus serrés.

Dans la Saison Neuf, on voit Rachel devenir mère et mettre sa vie personnelle à plat dès le premier épisode, « Celui qui n'avait demandé personne en mariage ». On voit également Monica et Chandler traverser quelques crises conjugales, à travers l'exil de Chandler à Tulsa, puis sa période de crise professionnelle où, au chômage, il reste à la maison, et leurs difficultés à avoir un enfant. « Ils sont tellement touchants, dit Marta Kauffman. Et ils ont joué ça merveilleusement. »

« C'était formidable de voir Chandler grandir, dit David Crane. Ça lui a pris un petit moment mais il y est parvenu. »

De vieux et de nouveaux amis de *Friends* sont passés au gré des épisodes. Jon Lovitz — qu'on n'avait pas revu depuis la Saison Une où il jouait Steve, le restaurateur défoncé — fait une brève apparition. Christina Applegate — la vedette de *Jesse*, la série de Bright Kauffman Crane — était délicieusement obsédée par elle-même dans « Celui qui était vexé ».

« On avait décidé, explique Kevin Bright, que Reese Witherspoon, qui avait joué la sœur de Rachel dans la Saison Six, revenait, mais elle était en train de tourner *La Blonde contre-attaque* et les horaires étaient incompatibles. L'histoire nous plaisait et nous ne voulions pas la perdre. D'autant que nous n'avions jamais dit que Rachel n'avait qu'une seule sœur. Alors c'est ainsi qu'est arrivée Christina, qui était par miracle disponible ; c'est une pro totale qui a tiré tout le monde vers le haut. »

Un des meilleurs épisodes de la Saison Neuf,

... qui ne le fut pas

c'était « Celui qui était le plus drôle » où apparaissait un Freddie Prinze Jr à la fois désopilant et sensible.

Deux autres comédiens allaient rester infiniment plus longtemps. Paul Rudd a surgi comme « blind date » de dernière minute pour Phoebe et il s'est rapidement installé. « C'est rare de trouver des gens qui s'intègrent à ce groupe d'acteurs, dit Kauffman. Mais j'ai senti qu'il avait tout à fait sa place. » Aisha Tyler est apparue pour la première fois dans le rôle de Charlie — une jeune et jolie paléontologue — dans « Celui qui allait à une soirée privée ». Rapidement, Ross ainsi que Joey en tombent amoureux, instaurant un triangle qui durera jusqu'à la fin de la saison. Avoir embauché Aisha Tyler, c'était important parce qu'aucun autre acteur noir n'avait eu un tel rôle dans la série — une critique récurrente au fil des années. « On n'a pas choisi Aisha pour répondre à cette critique — Aisha était simplement la meilleure actrice que nous ayons auditionnée pour le rôle, déclare Kevin Bright. Elle était drôle, nouvelle, personne ne la connaissait, et pour nous, c'était très intéressant. Elle a été géniale, une paléontologue des plus séduisantes. »

Girls' power : Les trois égéries de *Friends* en accueillent une quatrième, Emma, à son arrivée de la maternité, dans « Celui qui acceptait sa mutation ».

Le fan club : Dans « Celui qui n'avait demandé personne en mariage », le groupe s'émerveille devant Emma. Jack Geller (joué par Elliott Gould) est tout retourné face à « son premier petit-enfant », jusqu'à ce que Ross lui rappelle l'existence de Ben. Pour Elliott Gould, « Face au côté froid, superficiel et matérialiste du métier, [ces acteurs] ont réussi à créer entre eux une relation extrêmement positive et loyale. En restant toujours unis, ils ont atteint des sommets et cette consécration que chacun a recherchée et méritée. »

Par les yeux du public : Les différents plateaux de *Friends* vus depuis les gradins, pendant le tournage de « Celui qui se faisait poser un lapin »

Les yeux dans les yeux : Phoebe parle à Mike de sa relation passée et surtout complètement inventée dans « Celui qui regardait des requins ». Paul Rudd, qui joue Mike, analyse la relation de son personnage avec Phoebe : « Les auteurs et les producteurs ont dû penser qu'elle irait bien avec quelqu'un qui apprécierait ses excentricités tout en étant lui-même une vraie crème. Lisa et moi nous entendons très bien, nous sommes vraiment amis, et j'espère que cela se voit. »

Sans faux-semblants : Rachel et Ross discutent du « problème Joey » dans « Celui qui acceptait sa mutation ».

Rachel : Avec ces hormones de grossesse, je… j'ai l'impression que… que je me sens… comment dire… érotiquement chargée, je dirais.
Joey : Ça ne serait pas le mot scientifique pour excitée ?

Un échange affriolant entendu dans « Celui qui ne voulait pas aller plus loin ».

RÉPLIQUES CULTES

– Tu n'arrives pas à me parler à moi, comment veux-tu lui dire des cochonneries à elle ? Alors vas-y, dis-moi que tu veux me caresser les fesses !

Joey tente de décoincer son copain Ross dans « Celui qui pète les plombs ».

– Le train est tombé en panne et résultat, Carol et moi, on en a profité pour se planquer derrière les petites poupées mécaniques. Ils ont réparé le train et on nous a demandé de ne plus revenir.

Ross explique pourquoi il a fait l'amour avec Carol à Disneyland, et a été banni du Royaume Magique, dans « Celui qui a du jus ».

– Un pacte d'abstinence, hein ? Moi, en ce qui me concerne, je l'ai passé avec toutes les femmes des États-Unis.

Ross en pleine auto-dépréciation dans « Celui qui avait une jolie cousine ».

– Oui, mais tu crois pouvoir assumer une relation où, à tout moment, tu risques de dire : "Ah non ! là tu vois, c'est pas comme ça que faisait ton père !"

Phoebe distribue ses conseils avisés dans « Celui qui était dans la caisse ».

CHANDLER :

– Je viens d'entrer dans la salle de bains et j'ai vu Kathy toute nue. Je vous jure que c'est une torture !

ROSS :

– Toi, si jamais tu fais la guerre et que tu es capturé, attends-toi à avoir des surprises…

Une vérité toute nue dans « Celui qui poussait le bouchon ».

MONICA À JOEY :

– C'est pas vrai, je rêve ! On vous invite à boire une limonade et vous pensez immédiatement au sexe ?

Malentendu épicé dans « Celui qui se souvient ».

ROSS :

– T'as jamais lu *Le Seigneur des anneaux* à l'école ?

JOEY :

– Non, je pensais qu'aux filles à l'école.

Des beautés de la littérature, dans « Celui qui savait faire la fête ».

– Hé, je suis pas le genre à cafter tous mes baisers… Mais je ne suis pas non plus le genre à faire l'amour et le cacher. On l'a complètement fait !

Ross avoue qu'il a passé la nuit avec Rachel dans « Le dernier – première partie ».

RACHEL :

– C'est unisexe !

JOEY :

– Quoi, tu veux qu'on unisse nos sexes ? Ben, allons-y !

RACHEL :

– Non, Joey. Uni-sexe.

JOEY :

– Du calme, j'ai compris. Je t'ai dit que j'étais d'accord.

Libido affamée n'a pas d'oreilles dans « Celui qui avait un sac ».

sur le sexe

james michael TYLER

Les amis de F·R·I·E·N·D·S

À la sienne ! : Matt LeBlanc parle de James Michael Tyler. « Il a été super. Il nous a toujours soutenus. J'adore avoir une réplique avec Gunther. »

Est-il possible que tout *Friends* soit seulement quelque chose imaginé par Gunther ?

Ce serait une bonne fin – Gunther se réveille et tout n'a été qu'un rêve. Mais je n'y crois pas trop.

As-tu beaucoup réfléchi à la vie de Gunther ?

Je lui ai créé un vrai petit univers. Que ça colle ou non avec ce que les scénaristes ont en tête, je l'ignore.

Pour toi, qui est ce type ?

Je crois que Gunther est un refoulé ; il est triste mais c'est un type très gentil. Il n'a aucune expé-rience du monde ni, évidemment, de l'amour. Il n'a probablement jamais été embrassé. Il est coincé par son destin.

Est-ce vrai que tu as obtenu le rôle parce que tu savais te servir d'une machine à cappuccino ?

Plus ou moins. Au début de la Saison Une, un assistant metteur en scène pour lequel j'avais travaillé dans une autre série était au courant de ce décor de café. À l'époque, je gérais effectivement un café ici à Hollywood qui s'appelait The Bourgeois Pig. Je ne sais pas si à ce moment-là ils avaient déjà prévu d'avoir une machine en état de marche sur le plateau, mais je crois qu'ils voulaient quelqu'un qui avait l'air de savoir en faire marcher une, spontanément. Il m'a appelé : **« Tu veux venir faire ça ? C'est un rôle mineur mais ça durera au moins six épisodes. » Je lui ai répondu : « Il faut que je réfléchisse parce que ça m'oblige à prendre un jour de congé. »** Mais j'ai un diplôme de comédien et je me suis dit : « Je pourrais sauter sur l'occasion et qui sait ce qui peut arriver ? » Et heureusement pour moi, ça s'est bien goupillé puisque mon personnage a pris de l'ampleur.

Pourtant tu as réussi à garder tes négociations infiniment plus discrètes que celles des autres acteurs.

Oui, j'ai réussi à ne pas apparaître dans la presse. Sérieusement, je pense que les acteurs méritent ce qui leur arrive. Je suis très heureux de leur succès.

D'après toi, quels sont les meilleurs moments de Gunther ? J'adore quand il révèle qu'il a joué dans un soap.

Ah oui ! c'était une de mes premières répliques. Je crois qu'il y en avait deux autres avant, genre « Voilà » ou « Bonsoir, Rachel ». Mais c'était vraiment la première fois que les scénaristes évoquaient la vie privée de Gunther.

Y a-t-il eu une époque où tu pensais que Gunther pourrait rester une star silencieuse ?

Oui. Les scénaristes ont tout changé quand ils ont décidé que Gunther était obsédé par Rachel, ce qui devait durer environ quatre épisodes, mais en fait ils ont maintenu le truc. Je ne parle toujours pas beaucoup. Gunther est un homme avare de mots. Mais quand il parle, ce n'est pas pour ne rien dire.

Gunther a également aidé à casser le couple préféré de l'Amérique – Rachel et Ross.

Oui. Sur le coup, ça m'inquiétait un peu parce que ce personnage était posé et que brusquement, d'un seul coup, l'Amérique tout entière allait me haïr. **J'étais persuadé de recevoir des lettres de haine et des menaces de mort pour avoir été l'artisan de leur rupture.** Heureusement, je n'ai rien eu de tout cela.

Dans ton esprit, Gunther déteste-t-il toujours Ross ?

Je pense que Gunther tolère Ross, mais qu'il y a toujours de l'animosité dans l'air.

Y a-t-il une chance que ce soit la tortue qui remporte la course et que Gunther finisse avec Rachel ?

Ce serait sans doute un sacré choc pour beaucoup de gens. Je n'y crois guère. En tant que James Michael Tyler, j'estime que Gunther ne mérite pas Rachel. Je ne crois pas non plus que Rachel mérite Gunther. Mais l'obsession est toujours là, le désir.

Dans la vie réelle, connais-tu un endroit aussi accueillant que le Central Perk ?

Oui, l'endroit où je travaillais était un café d'habitués très convivial.

Que te demandent les fans de *Friends* dans la rue ?

« C'est ta vraie couleur de cheveux ? » Je réponds que c'est aussi vrai que peuvent l'être des cheveux teints. Oui, je les décolore. Et ils veulent aussi savoir « Ils sont vraiment amis ? ». Et évidemment, ils le sont.

Confessions d'un garçon de café : Gunther avoue à Rachel qu'il a embrassé Phoebe ; il veut être sûr de n'avoir rien gâché entre eux dans « Celui qui avait une nouvelle copine ».

Comment envisages-tu la fin de cette série ?

Honnêtement, c'est triste. C'est même très triste, parce que je me suis fait de bons amis ici. L'équipe et les acteurs.

À propos de la fin, quels sont tes désirs personnels ?

Je voudrais voir Ross et Rachel se remettre ensemble. C'est moi qui dis cela, bien sûr, pas Gunther.

Et tu serais prêt à reprendre Gunther si jamais il le fallait ?

Si le téléphone sonne, je serais prêt à écouter toutes leurs propositions.

Considères-tu Gunther comme le septième *Friend* ?

Je suis la septième connaissance. Gunther est davantage une connaissance — un ami d'ami.

SAISON DIX

La plus dinde de tous : Le groupe se retrouve enfin attablé devant un festin, à la fin de « Celui qui ratait Thanksgiving ». Rachel propose un

À L'AUTOMNE

2003, le moment est venu pour *Friends* d'affronter des adieux plus si lointains.

Inévitablement, parce qu'il faut en finir, la saison est abrégée : 18 épisodes. Au fur et à mesure que cette Saison Dix avance, la bande des six n'est pas vraiment séparée, mais chacun s'en va vivre sa vie. Monica et Chandler continuent leur chemin difficile et plein d'émotion vers le rôle de parents, et, oui, une maison en banlieue. Ross et Rachel élèvent Emma et pensent régulièrement à leur relation, longue et glorieusement compliquée. Phoebe finit par se marier avec son double incroyablement stable, Mike, et s'installe – si on peut jamais dire que Phoebe s'installe. Et enfin, Joey est très occupé à être… *Joey*.

Le rythme de production de la dernière saison de *Friends* est comprimé – en raison de l'accord négocié à la dernière minute lors de la saison précédente. Pourtant, ce n'est pas le temps qui complique cette dernière saison, mais le fait que ceux pour qui *Friends* est devenu un art de vivre sont bien perturbés.

« Nous aimons tous *Friends* et c'est toujours difficile de dire au revoir à quelque chose ou à quelqu'un qu'on aime », dit Marta Kauffman.

« Cela a été une expérience d'une telle intensité pour nous tous, explique David Crane. Tout ce que nous voulons, c'est réussir à conclure en beauté. »

« Un périple incroyable, ajoute Kevin Bright. On n'a pas envie de tout gâcher maintenant. »

Le compte à rebours des médias pour la fin de *Friends* a démarré dans l'enthousiasme avec la couverture de *Newsweek* en octobre et n'a fait que croître au cours de la saison avec force articles et émissions – y compris une apparition pleine d'émotion de toutes les stars de la série dans une émission *Oprah* spéciale, tournée dans le décor de *Friends*. Oprah Winfrey a demandé aux acteurs ce qu'allait être l'atmosphère du dernier enregistrement. « Je pense que Jennifer sera incapable de respirer, lui a répondu Courteney Cox. Elle a commencé à pleurer dès le premier jour où on est arrivés cette année. »

Jennifer Aniston est vraiment la plus ouvertement sentimentale de tous – comme l'a expliqué Matthew Perry, « Jennifer est du genre "Voilà le dernier bagel que je vais manger le deuxième jour de la répétition", elle en a beaucoup en réserve comme ça ».

À l'écran et dans les coulisses, la Saison Dix est la plus émouvante de la série.

Cette ultime saison démarre avec « Celui qui n'arrivait pas à se confier » et pourtant, au fil des quelques épisodes suivants, il devient clair que Joey et Rachel sont destinés à rester davantage amis qu'amants. La fille de Ross et Rachel célèbre plus ou moins son premier anniversaire dans « Celui qui transformait le gâteau d'anniversaire ». Phoebe et Mike se fiancent dans « Celui qui écrivait une lettre de recommandation ». Charlie, jouée par Aisha Tyler, finit par retourner avec son ancien ami, le Dr Hobart, joué par Greg Kinnear.

À mi-parcours, la Saison Dix paraît prendre une gravité nouvelle ; le moral remonte tandis que les personnages se dirigent vers leurs destins imaginaires. Apparaissant dans « Celui qui rencontrait la mère biologique », Anna Faris (*Lost in Translation*) joue Erica, la jeune femme enceinte qui va aider Monica et Chandler à devenir parents. Phoebe se marie de façon émouvante – mais glacée – dans « Celui qui jouait le rôle du père ». La série paraît prendre son rythme sans effort vers la ligne d'arrivée.

Fin 2003, Marta Kauffman et David Crane se mettent à écrire le dernier épisode de la série, qui dure une heure. Kevin Bright le réalisera — une réaffirmation de cette association qui les a menés au succès.

Tout le monde est uni dans le désir de réussir une sortie pleine de panache. « On peut se faire rattraper par tout le battage et la pub mais il faut faire une bonne fin, satisfaisante, dit Shana Goldberg-Meehan, la productrice exécutive. Et c'est ce que j'espère — que ce soit satisfaisant pour les fans et pour nous. »

Quand on lui demande de préciser ce que représente une fin à la hauteur pour *Friends*, Andrew Reich, qui est producteur exécutif, répond : « C'est probablement impossible, mais bon Dieu ! il faut bien tourner quelque chose. »

Plusieurs jours avant que ne commence le tournage de l'ultime épisode en deux parties de *Friends*, intelligemment titré « **The last one** », les acteurs et Bright Kauffman Crane rencontrent la presse sur le Plateau 24.

« Ça donne un peu d'amertume, a dit Matt LeBlanc. C'est un chapitre qui se clôt. »

Pour Jennifer Aniston : « C'est dur, très douloureux, de la façon la plus étrange qui soit. Parce que c'est l'endroit le plus amusant et le plus gai du monde. »

Mais l'heure est venue de nouveaux bonheurs et nous avons une dernière occasion de dire au revoir à *Friends*.

Tire la bobinette et la chevillette cherra : Monica et Chandler punissent leurs amis d'être en retard pour le dîner dans « Celui qui ratait Thanksgiving ».

Succès assuré : Kevin Bright, Donny Osmond et Matt LeBlanc posent sur le plateau de *Pyramide* pendant le tournage de « Celui qui trahissait le pacte ». « Dès que je suis arrivé sur le tournage, l'équipe m'a chanté "A Little Bit Country, A Little Bit Rock & Roll", raconte Donny Osmond. Matthew Perry est venu vers moi et m'a dit : "Aujourd'hui, c'est nous qui sommes sous les feux des projecteurs, mais on a tous grandi en vous regardant, Marie et vous" C'était gentil de sa part de me dire ça, et ça a été un honneur de participer à l'histoire de la télévision du XXIe siècle, une vraie tranche de culture populaire. Dans mon quartier, je suis désormais le vrai papa cool, parce que j'ai joué dans *Friends*. »

Bonjour, les losers ! Dans « Celui qui trahissait le pacte », Chandler et Ross concluent un accord tout en distribuant des flyers pour un concert qui va faire un flop.

Mon petit poulet : Danny DeVito joue Roy, un gogo-dancer qui a de la bouteille, et fait grande impression à l'enterrement de la vie de jeune fille de Phoebe, dans « Celui qui trahissait le pacte ». « Apparaître dans *Friends* a été une expérience merveilleuse, et je suis flatté d'avoir participé à une série si encensée. Avec ces trois délicieuses poupées, je me prenais pour un sultan au milieu de femmes magnifiques », raconte Dany DeVito.

L'ami de la mariée : Chandler prend la place de Joey-le-prêtre et conduit Phoebe à l'autel pour son mariage hivernal dans « Celui qui jouait le rôle du père ».

La joie du mariage : Mike et Phoebe posent le jour de leurs noces. Commentaire de Paul Rudd, qui joue Mike : « Elle aura été une super épouse de télé, mais elle m'aura toujours préparé des dîners de télé. »

Suite et fin

Conflit d'intérêts : Ross veut vraiment obtenir une subvention du Dr Hobart, joué par Greg Kinnear, alors que le docteur, lui, veut Charlie dans « Celui qui a failli avoir la subvention ». Kinnear, qui était enchanté de faire partie de la dernière saison de *Friends*, décerne ses lauriers : « Faire une série d'excellente qualité dix années durant, ce n'est pas de la chirurgie du cerveau. C'est bien plus compliqué. Félicitations. Dr Greg Kinnear. »

Pour se réconforter : Kevin Bright et Jennifer Aniston se sautent au cou pendant le tournage de « Celui qui apprenait la mort d'Estelle ».

Tout est bien qui finit bien : Dans « Celui qui ratait Thanksgiving », une soirée pourrie est sauvée par un appel téléphonique. Monica et Chandler reçoivent des nouvelles de l'organisme d'adoption. Monica est heureuse : « Ce Thanksgiving-là botte le cul de celui de l'année dernière ! »

Une nouvelle amie : Dans « Celui qui n'aimait pas la maison », Joey se lie d'amitié avec Mackenzie (jouée par Dakota Fanning), la fille du propriétaire de la maison que Monica et Chandler souhaitent acheter.

M & M : Matthew Perry et Marta Kauffman font une pause sur le plateau de « Celui qui n'aimait pas la maison ».

Presque voisins : dans « Celui qui apprenait la mort d'Estelle », un Chandler désespéré tombe sur Janice. Il espère bien la convaincre de ne pas acheter la maison voisine et Janice, jouée par Maggie Wheeler, saute sur l'occasion pour l'embrasser une dernière fois. « C'était le bonheur absolu d'avoir une telle scène d'adieu, dit Maggie Wheeler. C'était émouvant, drôle et important puisque c'était la sortie de Janice. Travailler avec Matthew Perry, cela a été un des grands bonheurs de ma carrière. Dommage que Chandler soit obligé de reculer devant Janice à ce moment crucial ! »

« LE DERNIER »

Adieu à FRIENDS

PREMIÈRE PARTIE

En définitive, comme les Beatles l'ont si bien dit, on prend autant d'amour qu'on en donne. Durant dix saisons, *Friends* a donné beaucoup d'amour dans tous les sens du terme et, à la fin, il y en avait assez pour que chacun ait sa part. On ne peut mieux décrire la vie sur le Plateau 24 pendant les derniers jours de la série qu'en parlant d'un torrent de larmes ruisselant d'amour.

« C'est tellement triste mais c'est ce qu'il faut faire. » Voilà comment David Crane décrit la scène devant le Central Perk le 16 janvier 2004, alors que débute le tournage du dernier épisode. Lorsqu'il s'achèvera ce soir et que Kevin Bright criera « Coupez », le célèbre décor de la série sera abattu et rangé au rayon de l'histoire télévisuelle.

La fin — ou **« Le Dernier »** comme s'appelle l'ultime épisode de *Friends* qui dure une heure — comprend deux parties. La première, dans laquelle Monica et Chandler deviennent doublement parents, et où Ross et Rachel reprennent leur histoire, sera filmée ce soir au milieu d'éclats de rire et de crises de larmes que nul ne songe à dissimuler.

Tant à l'écran que dans les coulisses, *Friends* a toujours été une série pleine d'émotion. On se touche, on s'enlace et c'est ainsi qu'on mûrit. **La télévision peut être un média froid et même réfrigérant, mais *Friends* est vraiment chaleureux, parfois même proche du torride.**

c'est notre série

C'est un garçon ! : Monica et Chandler ont le coup de foudre dès qu'ils voient le petit Jack. Pour Anna Faris, qui joue Erica, la mère porteuse des jumeaux, « La grossesse a été courte, mais très drôle. J'ai adoré jouer dans *Friends*, et c'était un honneur de participer à un épisode aussi important. »

Avant le début du tournage, les acteurs, les techniciens et même votre indigne auteur s'installent chacun leur tour sur le célèbre canapé orange pour une photo qui deviendra historique.

Sur le Plateau 24, il fait particulièrement froid ce jour-là. Lorsque quelqu'un fait allusion à la température, on entend Peter Roth, le président de Warner Television, dire « La comédie, c'est fini ».

Mais quand démarre le tournage, l'ambiance se réchauffe rapidement et tout le monde se concentre. David Crane, Marta Kauffman et les scénaristes jouent toujours leur jeu gagnant de la Meilleure Blague. Après la première prise de l'intro de l'épisode dans lequel Joey et Phoebe font les bagages de Monica et Chandler, David Crane demande au groupe si ce serait plus drôle que Joey marque « Carton de Saletés » au lieu de « Carton de Trucs ». Finalement, on met les deux en boîte.

Sous la direction de Kevin Bright, le tournage avance à grands pas, si tant est que cinq heures peuvent

Attention fragile : Chandler et Monica serrent Jack et Erica contre leur cœur. « Je pense que Monica et Chandler seront de bons parents », dit Matthew Perry.

Le petit matin qui suit le grand soir : Rachel félicite Ross de ses techniques inédites, après qu'ils ont passé la nuit ensemble.

avancer à grands pas. « L'épisode de ce soir a décollé comme une fusée, note Bright entre les prises. Il y aura bien quelques accrocs mais l'ambiance est géniale. Exactement ce qu'on peut souhaiter. »

Il y a finalement peu d'accrocs et les scènes sont vite en boîte — même s'il y a quand même quelques ralentissements inévitables, par exemple lorsque le poulet ou le canard pissent sur Matt LeBlanc.

Pendant la scène d'accouchement, David Arquette saisit l'occasion de rapporter chez lui des images de sa femme, effectivement enceinte, en train de devenir une mère télévisuelle. « Je fais de la contrebande, explique-t-il avec un sourire amical. Ce truc sera à Taïwan dès demain matin. »

Comme on pouvait s'y attendre, la salle est remplie par la famille et les amis : Sam, le fils de Marta Kauffman — encore un bébé au début de la série —, paraît parfaitement à l'aise tandis qu'il déambule vêtu d'un tee-shirt Ramones. Les parents de David Schwimmer sont au premier rang, à côté du père de Jennifer Aniston. Lors d'une courte pause, David court bavarder avec eux puis se précipite en coulisses vers sa loge. Au passage, on lui demande comment ça va. « Ça va, répond-il, mais dès que je m'arrête, je suis une véritable épave. Mais je suis aussi heureux parce que, pour ces derniers épisodes, ils ont vraiment chopé la comédie et le cœur de la série. »

L'écluse des larmes va s'ouvrir en grand pendant la scène K — la dernière apparition du Central Perk. Le repère favori des Friends fait une belle sortie, avec une scène des plus classiques au cours de laquelle Gunther finit par révéler à Rachel son amour transi exactement au pire moment pour Ross, qui est lui-même au bord d'un instant de vérité identique.

Avant le début de la scène, tous les acteurs sont en larmes. « Un écroulement total, raconte Bright à ses collègues après avoir été discuter avec les acteurs. Matt LeBlanc leur a dit : "Vous vous rendez compte

Chacun son tour : Une fois de plus, Ross se fait prendre la place par Gunther (James Michael Tyler), qui avoue à Rachel qu'il l'aime au moment où il s'apprêtait à faire de même. « C'était une façon parfaite de conclure l'histoire de Gunther, estime James Michael Tyler. Jennifer Aniston a rendu cette scène à la fois très simple et très difficile. Ça allait au-delà du jeu, l'émotion était réelle, je n'oublierai jamais ce moment. »

On range ! : Courteney Cox fait une pause sur le plateau de **"Le dernier"**. « C'est tellement dur de quitter tout ça », dit-elle.

L'art de savoir s'entourer : Les bébés Jack et Erica dans cet appartement qui ne sera que peu de temps le leur.

Evénements en chaîne : Ross réalise qu'il va devenir tonton, et annonce qu'entre Rachel et lui c'est reparti pour un tour. « Un des plaisirs

que c'est la dernière scène dans le café ?", et maintenant, c'est parti. » Quelques minutes plus tard, pendant qu'on tente de filmer la grande confession de Gunther, Jennifer Aniston et James Michael Tyler s'écroulent à nouveau.

Après la scène, Matt LeBlanc traîne sur le canapé en s'essuyant les yeux, un bras passé autour des épaules de sa belle-fille. Et tandis que l'avenir de Ross et Rachel flotte encore dans l'air, David Schwimmer et Jennifer Aniston se consolent dans les bras l'un de l'autre

À observer ces grandes eaux, un cynique pourrait faire remarquer que c'est seulement la fin d'une série télé, pas celle du monde. C'est vrai, mais pour ceux qui y ont consacré dix ans de leur vie, c'est la fin de ce petit monde-là et d'une période.

« C'est le chaos total », crie René Menoni, le premier assistant cameraman, alors que tout le monde est déchaîné.

À 22 h 30, Kevin Bright dit « Coupez » et déclare : « Notre série est terminée. » Les acteurs saluent et sortent.

Sur le plateau, les techniciens s'attellent à la tâche bouleversante de détruire le Central Perk. Puis, le canapé à peine enlevé, Jennifer Aniston descend rendre un dernier hommage au Central. Elle est rapidement rejointe par toute l'équipe qui s'installe sur le plancher.

Une grande partie d'entre eux trinque à la tequila. Le décorateur Greg Grande porte un toast. « Les souvenirs que nous emportons du Plateau 24, dit-il, sont plus beaux que n'importe quel rêve. »

Ensuite, acteurs et techniciens griffonnent à tour de rôle au dos des cloisons du Central Perk avant qu'elles ne soient abattues.

David Schwimmer écrit : **« Les dix années les meilleures de ma vie… Grosses bises à vous tous, Schwim. »**

« C'était vraiment génial », ajoute Jennifer Aniston qui complète par des croix, symboles de baisers, et une promesse : **« On n'a pas dit notre dernier mot. »**

Matt LeBlanc s'efforce de garder une certaine légèreté. « J'ai chié ici », écrit-il.

Le mot de Marta Kauffman est beaucoup plus sentimental. Débordée par la situation, elle écrit **« Trop d'amour ».**

Ils s'accrochent, ils s'accrochent : Jennifer Aniston, Matthew Perry et Matt LeBLanc s'agrippent aux derniers instants.

Entre eux : Les acteurs de *Friends* dans l'une de leurs dernières étreintes sur le Plateau 24. « Je n'aurais pas pu aimer ces cinq personnes davantage », dit Jennifer Aniston.

Un dernier verre : Le groupe réuni pour la scène finale au Central Perk. « Ce plateau est devenu notre maison », dit Kevin Bright.

Adieux émus : Jennifer Aniston, Lisa Kudrow et David Schwimmer en pleine effusion sur le plateau de l'aéroport de Newark. Pour Lisa Kudrow, « Tout le monde va me manquer, mais surtout Phoebe. J'adore cette fille ! »

Vas-y mon grand ! : Jennifer Aniston offre un soutien moral énergique à Matt LeBlanc, sur le plateau de « **Le dernier** – première partie ».

DEUXIÈME PARTIE

Le 23 janvier 2004, lors de leur dernière journée ensemble, l'équipe des scénaristes de *Friends* atteint des sommets. En guise d'adieu surdimensionné, les scribes écrivent haut dans le ciel au-dessus de la Warner — avec l'aide de cinq avions publicitaires — « Merci David et Marta — On vous aime, les scénaristes ».

Aujourd'hui à Burbank, en Californie, il fait beau pour la dernière journée de *Friends*, même si le fond de l'air est frais. Sur le Plateau 24, David Crane déclare que l'initiative généreuse des scénaristes le réchauffe tellement que pour une fois il n'a aucune remarque à leur faire. Marta Kauffman est aussi émue, même si elle ajoute en souriant qu'elle aurait préféré un point d'exclamation dans le ciel plutôt que ce tiret. Pendant que Kevin Bright discute avec son équipe de cameramen à côté, Marta attrape quelques Kleenex en déclarant : « Il va m'en falloir un bon paquet. »

Tout le monde y a été de sa larme, Jennifer Aniston a ouvert les vannes et Scott Silveri, un des producteurs exécutifs, a craqué le dernier. Pourtant, l'ambiance générale est plus à la fête qu'à l'abattement, mais c'est un puissant mélange de douceur et de tristesse. **La plupart des gens ne savent pas s'ils doivent rire ou pleurer,**

Ne me quitte pas : Ross déclare enfin sa flamme à Rachel, et la supplie de ne pas prendre l'avion pour Paris.

ils font donc les deux. « Félicitations ou condoléances, comme il vous plaira », dit un visiteur à un groupe de scénaristes. Parmi les techniciens, beaucoup s'embrassent et signent l'annuaire spécial *Friends* établi par la productrice Wendy Knoller.

Cet annuaire n'est pas le seul dernier souvenir édité à fort peu d'exemplaires. La remarque de René Menoni « C'est le chaos total » est maintenant devenue le slogan imprimé sur un tee-shirt que porte la majorité de l'équipe. Derrière est simplement écrit **« Celui qui… le dernier »**. Ces derniers et fugitifs moments échappés de *Friends* se transforment en bal où se retrouvent tous les participants. James Burrow — qui a réalisé le pilote de *Friends* et d'autres épisodes célèbres parmi les premiers mais qui a également aidé l'équipe à se souder — est revenu pour l'occasion, comme bien d'autres visages familiers, tant à l'écran que dans les coulisses. « Je considère les acteurs comme mes gosses. Et je suis épaté par le fait qu'ils soient toujours amis, ils sont unis, ils forment un groupe. Même s'ils sont arrivés à des niveaux différents, mais ils ressortent tous au même niveau », déclare James Burrows. James Michael Tyler, Maggie Wheeler, Paul Rudd et Aisha Tyler n'apparaissent pas dans le dernier épisode, mais ils sont tous dans le public. Matthew Perry s'aperçoit même que Valerie Bertinelli — sa sœur de télévision dans *Sydney*, une très brève sitcom — est également là.

Un des auteurs d'origine, Jeff Greenstein — qui est devenu une grosse pointure pour *Will & Grace* — prend la scène en route avec sa femme. « C'est comme refermer le cercle, explique-t-il. Nos petits enfants ont grandi. » Maggie Wheeler s'approche de Greenstein : « C'est vous qui m'avez donné vie », puisque c'est lui et son ancien associé Jeff Strauss qui ont créé son personnage.

Pour réconforter le comique Jim Bentley, Maggie

Alerte à l'appart : Pour sauver la poule et le canard, Joey et Chandler n'hésitent pas à sacrifier leur baby-foot.

Gros câlin : David Schwimmer et Matt LeBlanc pendant le tournage de « Le dernier — deuxième partie ». « En toutes circonstances, on était toujours là les uns pour les autres », dit Matt LeBlanc.

Celui que l'on attendait tous : Ross et Rachel se remettent enfin ensemble. Comme le dit Marta Kauffman, « Dès le début et jusqu'à la toute fin, il y aura toujours eu quelque chose de magique entre Ross et Rachel ».

Wheeler accepte de céder à sa demande, un dernier « Oh, mon Dieu ! » rien que pour le public présent. De façon prévisible, les spectateurs s'enflamment pour cet ultime gémissement. « J'ai déjà enregistré le dernier épisode de Janice, explique Maggie. Mais j'avais envie de venir dire au revoir. Il fallait que je sois présente. Si je n'avais vu moi-même l'arbre tomber, j'aurais pu me réveiller sans y croire. »

D'autres amis qui ne peuvent pas être présents se manifestent par tous les moyens. Un fan malin fait livrer un magnifique bouquet de fleurs. La bande de *Tout le monde aime Raymond* — les voisins de *Friends* à la Warner — ont envoyé un magnifique plateau de friandises.

Lorsque les acteurs arrivent pour saluer le public, ils ont droit à une interminable *standing ovation* qui, peu à peu, les met en larmes, surtout les femmes, avant même que la moindre scène ne soit tournée.

« Retour au maquillage », dit Todd Stevens, un des producteurs exécutifs, en riant. C'est vrai, toutes ces larmes obligent les acteurs à des petites retouches express en coulisses.

Central Perk a disparu, mais on voit quelques visiteurs inspecter les restes de ce décor familier à la recherche de souvenirs. Sam, le fils de Marta Kauffman, montre son esprit pratique — il s'empare de quelques douzaines de stylos. « Je n'en ai pas pour l'école », explique-t-il.

D'autres proches de la série surgissent près des caméras — la jolie assistante de Kevin Bright, Colleen, fait partie des figurants dans la scène de l'aéroport JFK où Ross et Phoebe vont d'abord pour rattraper Rachel en route pour Paris. Pendant ce temps, au Newark Airport — où Rachel est sur le point d'embarquer —, le compagnon de David Crane, Jeffrey Klarik, fait la queue juste devant elle.

Échange fructueux : Matthew Perry et Matt LeBlanc profitent d'une des dernières réunions avec Marta Kauffman, David Crane et Kevin Bright. « Tout ce que ces acteurs ont fait avec nos mots était tellement mieux que ce que nous aurions pu imaginer », dit David Crane.

Une révérence : Les producteurs et les acteurs réunis sur le plateau pour le dernier salut, après la mise en boîte de « **Le dernier** – deuxième partie ».

Un petit retour en arrière : Les acteurs font une lecture du premier épisode lors de la fête de fin de tournage. Celle-ci a eu lieu au South Park Plaza à Los Angeles, avec la participation de Sheryl Crow et des Rembrandts qui ont chanté « I'll Be There For You ».

À la fin, évidemment, Ross et Rachel seront réunis — en tout cas jusqu'à leur prochaine rupture.

Avant la dernière scène de *Friends*, avec les six stars ensemble pour la dernière fois dans l'appartement vide de Monica et Chandler, les accents de « Last Dance » de Diana Summer résonnent sur le plateau. « Oh ! là, là ! dit Paul Rudd, ce n'est pas la fin de *Friends* — c'est celle de *Thank God, it's Friday.* » Mais non, c'est bien celle de *Friends*, ce qui explique pourquoi une star du calibre de Paul Rudd sort une caméra-vidéo. « J'ai rarement l'occasion d'être le témoin de l'histoire de la télévision », explique-t-il.

Pendant la dernière scène, l'émotion et la nervosité finissent par avoir raison de Courteney Cox la résistante qui ne cesse d'oublier une réplique. Et une fois de plus — probablement la dernière — Matthew Perry allège l'atmosphère du Plateau 24 avec une blague parfaite. « Quelqu'un va se retrouver à la porte », annonce-t-il à voix haute avec juste ce qu'il faut de raillerie fraternelle.

Vers minuit, alors que les acteurs ont déjà fait leurs derniers saluts, Matt LeBlanc prend un verre de champagne et en distribue autour de lui. Il porte un toast à *Friends* : « Il y avait de la magie là-dedans, dit-il tranquillement. C'était plus qu'une série télévisée. » Pour la première fois, il parle de *Friends* au passé.

Oui, les amis, *Friends* était plus qu'une série télévisée, mais quelle série télévisée c'était !

Au revoir et merci ! : Salut final pour les acteurs de *Friends.*

Dans le sanctuaire : les loges

Jennifer Aniston

Courteney Cox

Lisa Kudrow

Matt LeBlanc

Matthew Perry

David Schwimmer

THIS BOOK WAS PRODUCED BY WARNER BROS. WORLDWIDE PUBLISHING

Vice President: Paula Allen
Production Director: Kevin Bricklin

Editor, Photo Editor, and Production Manager: Skye Van Raalte-Herzog
Director, Publishing Sales: Melanie O'Brien
Production Coordinator: Brittany Barr

Designed by: Design + Know-How
Design inspired by: James Gilbert, www.GoSandbox.com

Special thanks to: Vivek Mathur, Lisa Gregorian, Andrew Shipps, Brian Jamieson, Marcella Mparmperis, Mimi Slavin, Rosemary Markson, Mimi Soo, Diana Elizondo, Greg Dyro, John Eakin, Magy Perez, Tony Figueroa, Jack Teed

MANG 2264

Episodic Photography Seasons Two–Ten by Danny Feld
Additional Episodic Photography by: Richard Cartwright, Byron J. Cohen, Bonnie Colodzin, Mitch Haddad, Robert Isenberg, Ron Jaffe, Justin Lubin, Craig T. Mathew, Oliver Upton, Joseph Viles
Additional Photography by Matthew Rolston
Back cover photograph by Mark Seliger © 2004

Special Thanks to Benay's Bird and Animal Rentals

MANGO

Mise en page : Studio Michel Pluvinage

site Mango : www.editions-mango.com
Dépôt légal : octobre 2004
ISBN 2-914353-55 -3
Imprimé en Italie par Stige - Turin